"十四五"新能源汽车专业规划精品教材

新能源汽车概论

郑军武　主　审

丁丽娟　胡　雷　姚钧瀚　主　编

天津出版传媒集团

天津科学技术出版社

内 容 提 要

本书主要内容包括新能源汽车基础知识、新能源汽车发展历程、纯电动汽车结构原理、混合动力汽车结构原理、燃料电池电动汽车结构原理、新能源汽车的维护与修理。本书注重理实一体，以从实践中归纳的典型工作任务入手，实用性强，紧密围绕新能源汽车的高压安全防护、新能源汽车维护设备工具使用、纯电动汽车的结构认知、混合动力汽车的结构认知、燃料电池的结构认知、新能源汽车的维护等进行了较为全面的论述，旨在培养学生的新能源汽车结构认知、维护技术的维修基本技能。

本书可作为职业学校新能源汽车装调与检修、汽车制造与检修、新能源汽车维修、汽车运用与维修、汽车车身修复、汽车整车与配件营销等专业实训教材，也可作为相关专业人员的实用参考书。

图书在版编目（CIP）数据

新能源汽车概论／丁丽娟，胡雷，姚钧瀚主编. —天津：天津科学技术出版社，2023.8（2024.6重印）

ISBN 978-7-5742-1561-0

Ⅰ.①新… Ⅱ.①丁… ②胡… ③姚… Ⅲ.①新能源—汽车　Ⅳ.①U469.7

中国国家版本馆 CIP 数据核字（2023）第 158504 号

新能源汽车概论
XINNENGYUAN QICHE GAILUN
责任编辑：傅雪莹
责任印制：赵宇伦

出　　版：	天津出版传媒集团 天津科学技术出版社
地　　址：	天津市西康路35号
邮　　编：	300051
电　　话：	(022) 23332390
网　　址：	www.tjkjcbs.com.cn
发　　行：	新华书店经销
印　　刷：	昌昊伟业（天津）文化传媒有限公司

开本 889×1194　1/16　印张 10　字数 288 000
2024年6月第1版第2次印刷
定价：45.00元

前　言

《中国制造2025》明确将"节能与新能源汽车"作为十大重点战略发展领域，支持新能源汽车产业发展，提高产业链从业者综合技能水平，解决技能人才重大缺口。新能源汽车的生产制造与售后服务人员至2020年需求缺口68万人，2025年需求缺口103万人，排全国制造业十大紧缺人才第六位。本书紧跟国家新能源汽车发展战略，服务新能源汽车产业领域人才培养的需求，引领职业院校相关专业和课程建设。

本书根据专业培养目标，以职业能力培养为核心，以职业情境为基础，以工学结合为切入点，采用多种教学手段并用的教学理念进行课程设计，旨在培养高素质技能型人才。

本书根据专业特点编排内容，遵循必需、够用的原则，突出实践、强化理论。全书主要包括新能源汽车基础知识、新能源汽车发展历程、纯电动汽车结构原理、混合动力汽车结构原理、燃料电池电动汽车结构原理、新能源汽车的维护与修理等内容。详细讲述了高压安全防护、新能源汽车维护设备工具使用、纯电动汽车的结构认知、混合动力汽车的结构认知、燃料电池的结构认知、新能源汽车的维护等具体维修方法及注意事项，以满足新能源汽车安全作业实训、实习的要求。

由于本书涉及内容新，编者水平有限，加之编写时间仓促，书中难免存在错误和疏漏之处，敬请广大读者批评指正。

编　者

编委会

主 审	郑军武
主 编	丁丽娟　胡　雷　姚钧瀚
副主编	石永波　尹宏观　张风密　周焘焘
	温举林　刘　慧　杨　广　雷海壮
编 者	茹新宇　李克力　朱永亮　王　勇

Contents

001 项目1 新能源汽车基础知识
    任务1 新能源汽车高压安全防护/001
    任务2 新能源汽车基本构造原理/009
    任务3 新能源汽车专用设备使用及维修工位布置/015

022 项目2 新能源汽车发展历程
    任务1 汽车能源发展史/022
    任务2 我国新能源汽车发展路线/027
    任务3 国外新能源汽车发展/031
    任务4 新能源汽车企业概览/038

043 项目3 纯电动汽车结构原理
    任务1 认识纯电动汽车/043
    任务2 纯电动汽车构造/050
    任务3 纯电动汽车工作原理/057

070 项目4 混合动力汽车结构原理
    任务1 认识混合动力汽车/070
    任务2 混合动力汽车构造/077
    任务3 混合动力汽车的工作原理/091

104 项目5 燃料电池电动汽车结构原理
    任务1 认识燃料电池电动汽车/104
    任务2 燃料电池汽车构造与原理/110

116 项目6 新能源汽车的维护与修理
    任务1 纯电动汽车的维护/116
    任务2 无法上电故障的检修/136
    任务3 高压互锁回路故障的检修/141
    任务4 无法充电故障的检修/144

154 参考文献

新能源汽车基础知识

项目导言

新能源汽车的推广、普及使得维修技术人员面临新知识更新不及时、新技能培训不完整和新规范不了解等系列困扰。本项目以新能源汽车标准体系内容为准绳、以《新能源汽车产业发展规划（2021—2035年）》《国家车联网产业标准体系建设指南（智能网联汽车）》等文件精神为指导，梳理出新能源汽车高压安全防护、新能源汽车基本构造原理、新能源汽车维修工位布置和新能源汽车专用设备使用共4个学习任务。通过本项目的学习，能够掌握新能源汽车使用维修中的高压安全防护知识、新能源汽车结构和工作原理，能够学会新能源汽车维修工位的布置和专用工具设备表的使用。

项目目的

通过对新能源汽车高压安全防护、新能源汽车基本构造原理等3个具体任务的学习，熟悉新能源汽车结构原理、维修规范及安全防护等方面的基础知识。通过操作练习，掌握常用、专用工具使用的方法，养成良好的工作习惯和工作态度。

任务1 新能源汽车高压安全防护

思政教育

新能源汽车高压安全不仅仅是个人的责任，也是社会的共同责任。倡导社会各界的合作和参与，共同推动新能源汽车的高压安全教育和相关政策的宣传。同时，鼓励用户积极参与安全培训和交流活动，提高整个社会对新能源汽车高压安全的认知和重视程度。

任务导言

安全是一切工作的生命线，只有在保障人身安全的前提下，开展新能源汽车维修各项工作才能有意义。新能源汽车与传统燃油车的最大区别之一就是其带有高压电，因此，维修技师需要做好基本的高压安全防护。

在新能源汽车运行时，动力电池为高压用电设备提供高达几百伏的直流电压，如果因使用不当或操作不当，都有可能发生触电危险事故。要保证新能源汽车的使用及维修安全，就必须了解人体安全电压值、安全防护工具的使用，并且要学会区分新能源汽车上的高压部件、学会安全急救方法等。

通过本任务的学习，能够了解高压电的危害、知道新能源汽车上橙色线束为高压线束；能够正确使用高压安全防护工具、能够掌握触电急救方法。

任务学习知识要求

1. 掌握高压电的电压范围；
2. 认识高压电的危害；
3. 了解人体危险电流与时间关系。

任务学习技能要求

1. 掌握新能源汽车高压部件的判别方法；
2. 熟练掌握新能源汽车维修高压安全防护操作。

任务学习重点、难点

1. 重点：新能源汽车高压安全防护操作；
2. 难点：根据数据分析检测结果，并得出检测结论。

任务学习所需设备、器材

1. 高压安全防护套装：绝缘手套、绝缘鞋、绝缘垫、护目镜、防护栏等；
2. 新能源汽车一辆；
3. 绝缘测试仪、手摇兆欧表、万用表等测量仪器。

任务学习

1.1 认识高压电的危害

1.1.1 电动汽车高压电

高压电（Highvoltage）为工业名词，配电线路中交流电压在 1 000V 以上或直流直流电压在 1 500V 以上的称为高压电。新能源汽车的高压电新能源汽车电压是 200～750V，不属于工业用的高压电。相较于传统汽车 12V、24V 电压而言，新能源车辆 300V 到 750V 称为高压电是因为它远远远地超过了人体的安全电压极限会造成人员的伤亡，因此称为高压电。

电动汽车动力系统的一个重要特点就是具有电压高、电流大的动力回路。为了适应电机驱动工作的特性要求并提高工作效率，高压电气系统的工作电压可达到 300V 以上，而且电力传输线路的阻抗很小。高压电气系统的正常工作电流可能达到数十甚至数百安培，瞬时短路放电电流更是成倍增加。高电压和大电流会危及车上乘客的人身安全，同时，还会影响低压电气和车辆控制器的正常工作。因此，在设计和规划高压电气系统时不仅应充分满足整车动力驱动要求，还必须确保车辆运行安全、驾乘人员安全和车辆运行环境安全。

> 获得的信息：电动汽车中的高压电和工业用高压电有何区别？

新能源汽车上的电路按电压等级不同可划分为 A 级电压电路（Voltage class A electric circuits）和 B

级电压电路（Voltage class B electric circuits）。A 级电压电路是指最大工作电压小于等于交流 30V，或小于等于直流 60V 的电力组件或电路。B 级电压电路是指最大工作电压大于交流 30V 且小于等于交流 1 000V，或大于直流 60V 且小于等于直流 1 500V 的电力组件或电路。电压等级见表 1.1 所列。

表 1.1　电压等级

电压等级	最大工作电压 U（单位：V）	
	直流	交流
A	$0<U\leqslant 60$	$0<U\leqslant 30$
B	$60<U\leqslant 1\ 500$	$30<U\leqslant 1\ 000$

1.1.2　高压电的危害

行业规定，安全电压为不高于 36V，持续接触安全电压为 24V。传统燃油汽车上，通过发电机为蓄电池充电，电压会保持在直流 14V 以内，因此，全车电器供电电压也限制为 14V，低于人体的安全电压限值。唯一特殊的是，在点火系统中，次级线圈在变压后电压可达上万伏，以此击穿火花塞电极气隙，产生高压电火花。在维修点火系统时，技术人员可能会被次级高压电击，但不会产生严重后果，这其中原因在于高压电对人体的伤害不仅与电流大小有关，还和电流通过的时间有密切联系。

获得的信息：人体安全电压限值是多少？

图 1.1 所示是通过人体的危险电流大小与时间关系图。从图中可以看出，在区域①内，当通过人体电流低于 0.5mA 时，无论电流流经时间多长，人体神经基本没有感觉；当电流达到 0.5mA 以上时，人体会感觉到轻微酥麻的触电。在区域②内，当通过人体电流高于 0.5mA 并且低于 10mA 时，人体有逐渐强烈的触电感觉，在这种情况下，人体是可以摆脱电流的，不受通电时间影响；但是，当电流超过 10mA 临界时，若电流流经时间超过 2 000ms 就有可能无法摆脱触电电源，从 10mA 开始随着电流的增加，摆脱电流时间也越来越小，呈线性递减。区域③内，以摆脱电流界限（折现）和心室颤动电流界限（曲线）组成的范围内，很难摆脱触电电源，但不至于发生心室颤动。区域④内，以图中曲线为界，只要处于该范围内的触电，无论触电电流还是触电时间多少，都将很可能发生心室颤动，极为危险。

获得的信息：电对人的伤害程度与哪些因素有关？

一般在干燥环境中，人体电阻大约在 2kΩ~20mΩ 范围内；皮肤出汗时，约为 1kΩ；皮肤有伤口时，约为 800Ω。人体触电时，皮肤与带电体的接触面积越大，人体电阻越小。当人体接触带电体时，人体就被当作一电路元件接入回路。人体阻抗通常包括外部阻抗（与触电当时所穿衣服、鞋袜以及身体的潮湿情况有关，从几千欧至几十兆欧不等）和内部阻抗（与触电者的皮肤阻抗和体内阻抗有关）。

一般认为，接触到真皮里，一只手臂或一条腿的电阻大约为 500Ω。因此，由一只手臂到另一只手臂或由一条腿到另一条腿的通路相当于一只 1 000Ω 的电阻。假定一个人用双手紧握带电体，双脚站在水坑里而形成导电回路，这时人体电阻基本上就是体内电阻约为 500Ω。一般情况下，人体电阻可按 1 000~2 000Ω 考虑。

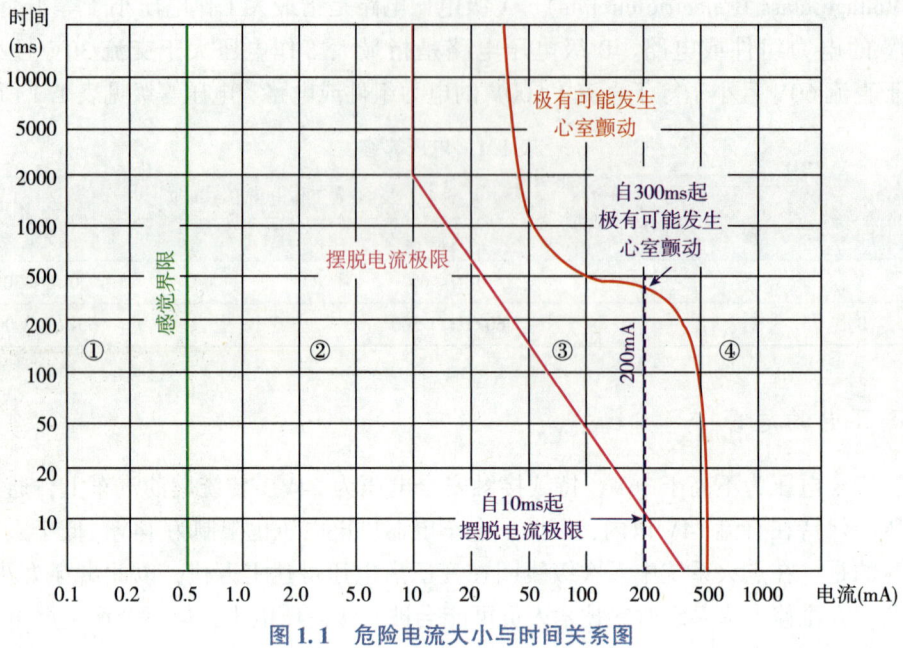

图 1.1　危险电流大小与时间关系图

思考并计算：在电动汽车上，假设人触电时的电压为直流500V，要保证能够摆脱接触电源，那么，此人的接触电阻至少为多少？与人体真实电阻差距大吗？

_____
_____
_____

触电是指电流通过人体而引起的病理、生理效应，触电分为电伤和电击两种伤害形式。电伤是指电流对人体表面的伤害，它往往不危及生命安全，电伤可分为电灼烧、电烙印、皮肤金属化、机械性损伤、电光眼和二次事故；而电击是指电流通过人体内部直接造成对内部组织的伤害，它是危险的伤害，往往导致严重的后果，电击又可分为直接接触电击和间接接触电击（图1.2）。

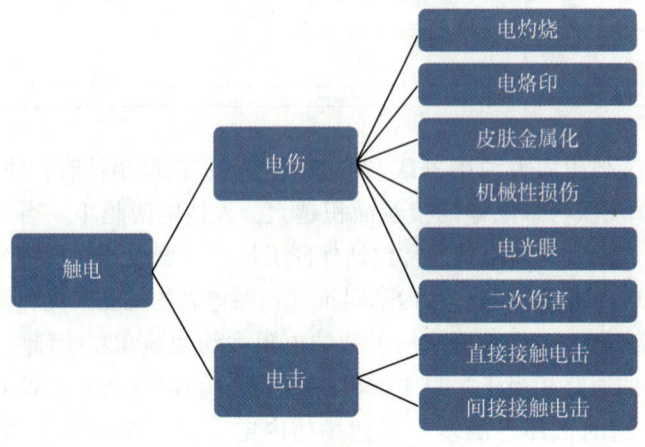

图 1.2　触电的分类

获得的信息：触电分为哪两类？具体包括哪些？
_____

电灼伤，一般有接触灼伤和电弧灼伤两种，接触灼伤多发生在高压触电事故时通过人体皮肤的进出口处，灼伤处呈黄色或褐黑色并又累及皮下组织、肌腱、肌肉、神经和血管，甚至使骨骼显碳化状态，一般治疗期较长，电弧灼伤多是由带负荷拉、合刀闸，带地线合闸时产生的强烈电弧引起的，其情况与火焰烧伤相似，会使皮肤发红、起泡烧焦组织，并坏死。电烙印，它发生在人体与带电体有良好接触，但人体不被电击的情况下，在皮肤表面留下和接触带电体形状相似的肿块瘢痕，一般不发炎或化脓。瘢痕处皮肤失去原有弹性、色泽，表皮坏死，失去知觉。皮肤金属化，由于高温电弧使周围金属熔化、蒸发并飞溅渗透到皮肤表层所形成。皮肤金属化后，表面粗糙、坚硬。根据熔化的金属不同，呈现特殊颜色，一般铅呈现灰黄色，紫铜呈现绿色，黄铜呈现蓝绿色，金属化后的皮肤经过一段时间能自行脱离，不会有不良后果。此外，发生触电事故时，常常伴随高空摔跌，或由于其他原因所造成的纯机械性创伤，这虽与触电有关，但不属于电流对人体的直接伤害。机械性损伤，是电流作用于人体时，由于中枢神经反射和肌肉强烈收缩等作用导致的机体组织断裂、骨折等伤害。电光眼，是发生弧光放电时，由红外线、可见光、紫外线对眼睛的伤害。二次事故，是指因引起电伤事故的危险因素的第二次激发，造成事故的扩大蔓延（图1.3）。

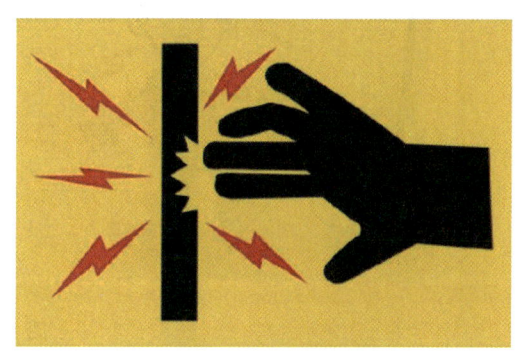

图 1.3　电伤示意图

获得的信息：不同类型的电伤具体表现是什么？
_____
_____
_____
_____

在电击中，直接接触电击是指人身直接接触电气设备或电气线路的带电部分而遭受的电击。它的特征是人体接触电压，就是人所触及带电体的电压；人体所触及带电体所形成接地故障电流就是人体的触电电流。直接接触电击带来的危害是最严重的，所形成的人体触电电流总是远大于可能引起心室颤动的极限电流。间接接触电击是指电气设备或是电气线路绝缘损坏发生单相接地故障时，其外露部分存在对地故障电压，人体接触此外露部分而遭受的电击。它主要是由于接触电压而导致人身伤亡的（图1.4）。

项目1　新能源汽车基础知识　　005

图 1.4 电击场景示意图

获得的信息：直接接触电击和间接接触电击的特征是什么？

1.2 新能源汽车维修高压安全防护

1.2.1 新能源汽车高压部件

前面内容已对高压电的危害作了详细表述，那么，在新能源汽车上有哪些部件会带有高压电呢？要想搞清楚这个问题，首先要知道新能源汽车的高压电从何而来。无特殊说明，本书中所指新能源汽车为 2012 年国务院发布的《节能与新能源汽车产业规划（2012—2020）》中所指出的纯电动汽车、混合动力汽车、燃料电池汽车三类，下同。

以纯电动汽车为例，因驱动车辆行驶的动力由电动机提供，而电动机的动能必须由电能转化，因此，需要专用的动力电池提供电能。这里的动力电池，就是高压电的来源。参照本项目的任务三中介绍的新能源汽车工作原理，可以知道，纯电动汽车的动力电池包向电机控制器提供直流高压电，经逆变后为驱动电机提供三相交流电而工作。因纯电动汽车无发动机，空调制冷的核心部件压缩机为电动压缩机，该部件由动力电池供给高压电。无发动机的另一个弊端是气温较低需要开暖风时，车内的暖风不再由冷却水余热提供，取而代之的是电动加热 PTC，该部件也由动力电池供给高压电。当动力电池电量不足时，需要进行充电，充电系统包含直流充电和交流充电，这两个系统也是高压部件，其中交流充电部分含有一个车载充电机安装在车上。此外，有些纯电动汽车在动力电池和其他用电设备及充电设备之间还安装了高压配电箱，这里面也是存在高压的。除了上述部件外，所有的连接这些高压部件的线束也是高压部件，并统一使用橙色的线束以示区别，它们都属于 B 级电压电路。总体而言，纯电动汽车的高压部件见表 1.2 所列。

表 1.2 新能源汽车高压部件一览表

序号	名称	备注
1	动力电池包	电源
2	高压配电箱	配电设备
3	电机控制器	用电设备
4	驱动电机	用电设备
5	电动压缩机	用电设备
6	电加热 PTC	用电设备
7	车载充电机	充电设备
8	高压线束（橙色）	连接线

获得的信息：电动汽车上的高压部件有哪些？

新能源汽车上的高压部件全部使用高压电才能工作，因此，在辨认上也比较方便。高压电的传输需要通过橙色的高压线束，因此，在辨认时，当有橙色线束连接时即是高压部件，如图 1.5 所示。

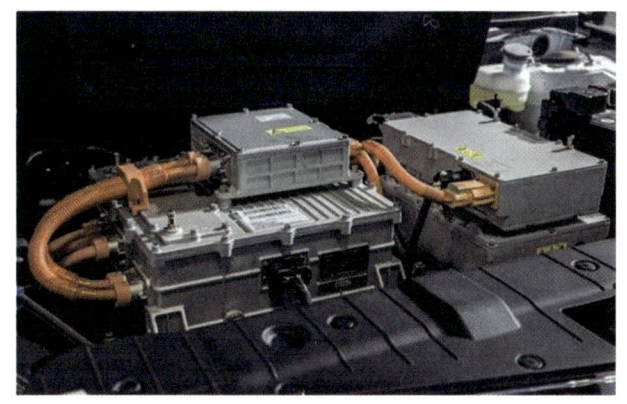

图 1.5 新能源汽车高压部件

另一种辨认方法是，在高压部件上（高压电缆除外）都标有高压警告标记，如图 1.6 所示。

图1.6 高压警告标记

新能源汽车中,尽管连接有橙色线束的部件同为高压部件,但因其功能的不同,各高压部件实际工作时的电压种类和大小也是不同的。例如:动力电池在对外供电时,是电源,输出直流电压;而当其需要充电时,是用电设备,由交流充电机充电或者直流充电桩充电。在新能源汽车的高压部件中,很多是集成在金属盒内,在金属盒也会有高压部件,特别是电容,在外部断电情况下,电容内部仍有可能携带高压电,因此,在拆装检修的时候应严格遵守安全操作规范,切不可麻痹大意。

> 获得的信息:新能源汽车中高压部件的辨认方法有哪些?

1.2.2 新能源汽车维修高压安全防护

人体是导体,在通过身体电流过大或通电时间过长时就会产生触电甚至致死事故。新能源汽车上高压部件分布广泛,在检修高压部件或进行车辆维护作业时,要做好新能源汽车维修高压安全防护,具体应当参考国家标准《电动汽车安全要求第3部分:人员触电防护》(GB/T 18384.3—2015)。

新能源汽车维修从业人员在接车维修时,可参考以下步骤做好安全防护:

(1) 停车熄火(或称退电)。
(2) 穿戴好防护工具。
(3) 设置防护隔离栏。
(4) 将高压危险警告标志置于显著位置。
(5) 断开低压蓄电池负极,并等待5min。
(6) 断开维修开关(或称作拔下维修塞),并锁好保存。
(7) 使用放电工装对动力电池母线放电,并确认无残存电荷。
(8) 执行高压部件拆检。
(9) 装回高压部件及线束。
(10) 装回维修开关。
(11) 接通蓄电池负极。
(12) 上电验车。
(13) 收起防护栏及防护工具。
(14) 竣工。

需要说明的是,以上操作要求维修人员必须取得国家安监局颁发的特种作业操作证(低压电工),如图1.7所示,在维修时,必须保证两人作业,其中一人为主修人,负责具体拆检、维修工作;另一人是监护人,负责监督维修人的工作规范并在维修人不幸发生触电意外情况下进行保护和救援。维修过程中需使用专用工具，具体使用方法在本项目任务四中有说明。

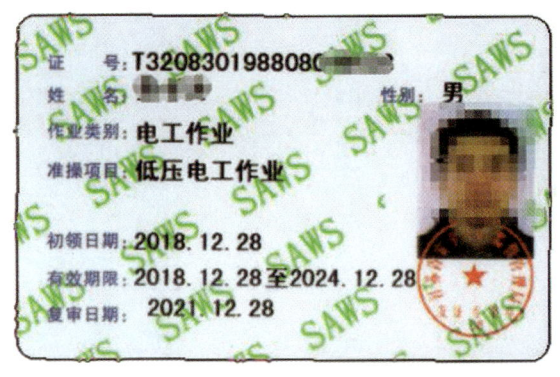 

图 1.7 特种作业操作证（低压电工）

任务 2 新能源汽车基本构造原理

思政教育

新能源汽车是技术创新的产物，体现了可持续发展的理念，符合经济、社会和环境的可持续性要求。理解可持续发展的概念和原则，培养学生的创新意识和创新精神，学生要认识到自己在推动新能源汽车发展方面的社会责任，要积极参与相关活动和倡导新能源汽车的发展。

任务导言

学习新能源汽车，要对其结构和原理进行了解。新能源汽车是指采用非常规的车用燃料作为动力来源（或使用常规的车用燃料、采用新型车载动力装置），综合车辆的动力控制和驱动方面的先进技术，形成的技术原理先进、具有新技术、新结构的汽车。任务将从定义、构造和原理三方面对典型的三类新能源汽车进行介绍、分析。纯电动汽车、插电式混合动力汽车和燃料电池电动汽车是我国新能源汽车发展路线中"三纵三横"提到的三类新能源汽车。

通过本次学习，能够了解纯电动汽车、混合动力汽车和燃料电池汽车的结构和工作原理。

任务学习知识要求

1. 了解纯电动汽车的定义和组成结构；
2. 了解混合动力汽车的定义和组成结构；
3. 了解燃料电池汽车的定义和组成结构。

任务学习技能要求

1. 会查阅资料，找出不同类型的新能源汽车；
2. 会判断新能源汽车属于哪种类型。

任务学习重点、难点

1. 重点：三类电动汽车的结构、原理；
2. 难点：混合动力汽车的分类和结构特点。

任务学习所需设备、器材

1. 纯电动汽车一辆、混合动力汽车一辆；
2. 燃料电池汽车一辆（条件允许）。

任务学习

2.1 纯电动汽车

2.1.1 纯电动汽车的定义

纯电动汽车（Battery Electric Vehicle，BEV），是指完全使用电力驱动的汽车。尽管有许多不同种类的电动汽车，本书中是指使用化学能（储存在电池中）以及使用电能（存储在电容中）的电动轿车。所存储的能量被用来带动一个或多个电动机，从而驱动车辆的行驶。

2.1.2 纯电动汽车构造

与燃油汽车相比，纯电动汽车在结构组成上没有发动机，但是多了用于存储电能的蓄电池，通常称这个蓄电池为动力电池包。同时，纯电动汽车还少了机械变速机构，在动力传递上主要依靠一个扭矩高、变化范围宽的电动机，通常称这个电动机为驱动电机。由于动力电池在电量不足时要补充电能，因此，纯电动汽车还有充电系统。图 1.8 所示是纯电动汽车的组成框架，由电力驱动子系统、主能源子系统和辅助控制系统三个部分组成。

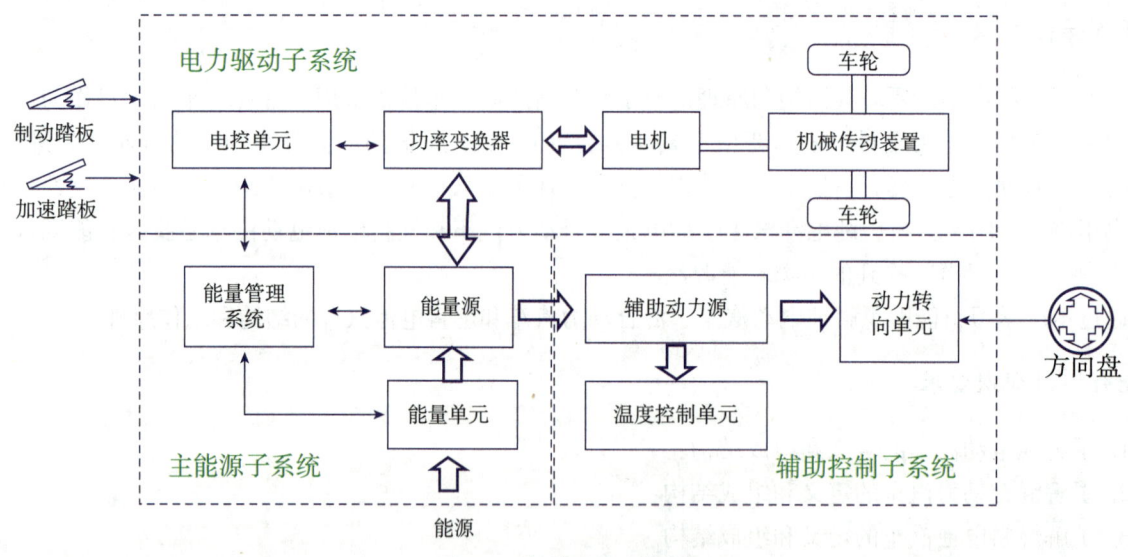

图 1.8 纯电动汽车组成

电力驱动子系统主要有电控单元、功率变换器、电机和机械传动装置；主能源子系统主要有能量管理系统、能量源和能量单元等；辅助控制子系统主要有辅助动力源、动力转向单元、温度控制单元等。各车型的具体构造有所差别，但在主体构造上是相似的。

思考并查阅：纯电动汽车与燃油轿车在结构上有哪些不同？

2.1.3 纯电动汽车工作原理

简单来说，纯电动汽车由驱动电机产生扭矩，通过减速器减速将动力传递给驱动轮驱动车辆行驶。动力电池包为驱动电机提供直流或交流高压电，功率变换器（或称电机控制器）将电池包的直流电转换为交流电或不同电压等级的直流电，供电机使用。当动力电池包电量不足时，通过外接充电进行充电。车辆在行驶中下坡或减速时还可以产生能量反馈对动力电池包进行充电。具体的工作原理将在项目四中结合具体车型详细介绍。

查阅并思考：通过查阅资料，找出一款纯电动汽车，深入了解它的工作原理。

2.2 混合动力汽车

2.2.1 混合动力汽车定义

混合动力汽车(Hybrid Electric Vehicle，HEV）采用两种不同类型的存储能量来推进车辆。许多混合动力汽车的驱动系统融合了电动汽车（通常是采用动力电池包供电）和内燃机汽车（如：采用汽油或柴油发动机）两种元素。一些传统的（非插电式）混合动力汽车可采用电力驱动模式进行短距离行驶，通常能行驶距离十分有限。相对于传统的混合动力汽车而言，插电式混合动力汽车携带更大的电池，如果采用纯电力驱动模式，通常会比传统的混合动力汽车行驶更远的距离。

插电式混合动力汽车(plugin hybrid electric vehicle，PHEV）与混合动力汽车一样，也是采用两种不同类型的存储能量来推进车辆的行驶。此外，相对于传统混合动力汽车而言，插电式混合动力汽车通常配有一只更大的电池组，此外，插电式混合动力汽车还带有充电插座，通过该充电插座可以从外部电源插座或充电站对车载电池组进行充电。

2.2.2 混合动力汽车构造

与燃油车相比,混合动力汽车多了电力驱动系统;和纯电动汽车相比,混合动力汽车多了发动机驱动系统。而插电式混合动力汽车则是在充电形式上,不仅可以由发动机发电进行充电,还可以由外接的电源进行充电。插电式混合动力汽车多了一套充电系统(图1.9)。

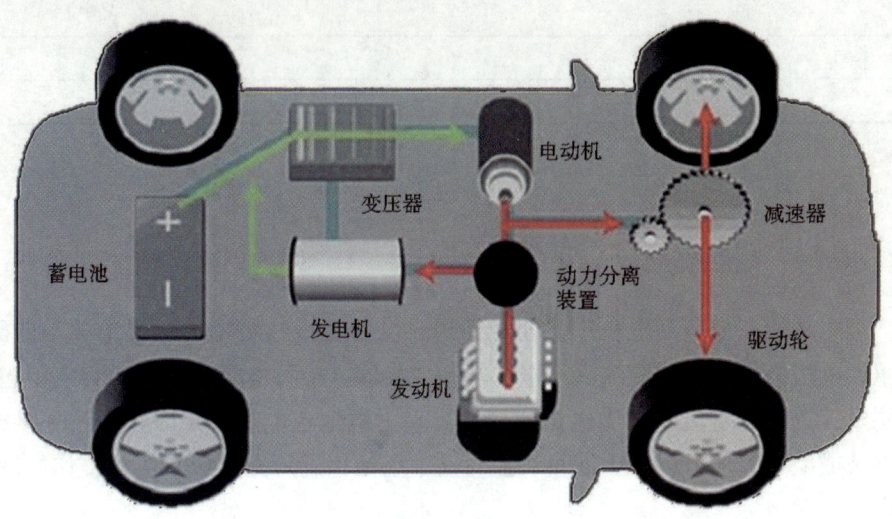

图1.9 典型混合动力汽车组成结构

混合动力汽车按照动力系统结构形工的不同可以分为串联式、并联式和混联式三种。图1.10所示展示了串联式混合动力汽车的结构特点。这种结构特点在于发动机不输出扭矩,而是驱动发电机产生电能,将这部分电能和动力电池包的电能共同用于驱动电动机,再由电动机输出动力驱动车辆行驶。其优势是:中低速运行或者城市工况经济性优于普通车辆;不足之处是:发动机启动后高速运行的油耗高于普通车辆。

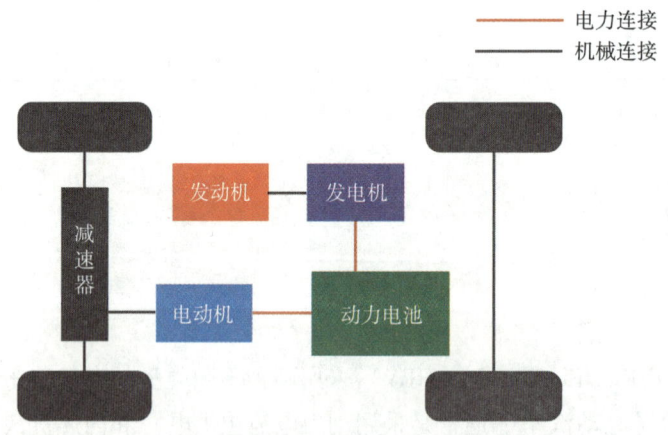

图1.10 串联式混合动力汽车结构特点

图1.11所示展示了并联式混合动力汽车的结构特点。这种结构特点在于动力电池包内部电能通过电机转换成机械能输出扭矩,和发动机输出的扭矩通过驱动传动机构输出动力驱动车辆行驶。其优势是:发动机和电动机可以共同驱动车辆,扭矩高;其劣势是:电量为零后电机无法驱动,只能用作发电机。

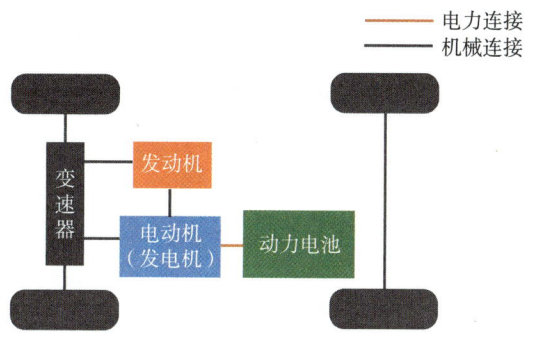

图 1.11　并联式混合动力汽车结构特点

图 1.12 所示展示了混联式混合动力汽车的结构特点。这种结构特点在于，发动机既可以驱动发电机发电为动力电池充电，又可以输出扭矩和电机的扭矩耦合后输出动力驱动车辆行驶。其优势是：共同驱动时，发动机仍可发电、电池包电量充足；其劣势是：结构复杂。

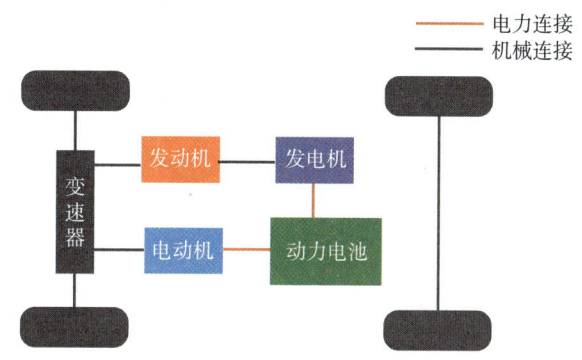

图 1.12　混联式混合动力汽车结构特点

查阅并思考：混合动力汽车在结构上有哪些特点？

2.2.3　混合动力汽车工作原理

因为构造的不同，混合动力汽车行驶的动力主要来源于发动机和驱动电机。混合动力汽车工作模式有纯电工作模式和混动工作模式。纯电模式下和纯电动汽车工作原理相同。混动模式下，发动机会参与工作，发动机的功用一是可以产生扭矩，输出动力；另一方面是可以发电，独立或和动力电池包共同为驱动电机的运转提供电能。而如果纯电驱动系统发生故障，发动机还可以独立工作，这与燃油汽车的工作原理一样。具体的工作原理将在项目四中结合具体车型详细介绍。

查阅并思考：通过查阅资料，找出一款混合动力汽车，深入了解它的工作原理。

2.3 燃料电池汽车

2.3.1 燃料电池电动汽车定义

燃料电池电动汽车(Fuel Cell Electric Vehicle，FCEV)，也被称为燃料电池混合动力汽车（Fuel Cell Hybrid Vehicle，FCHV)，通过一台电机进行驱动的汽车，而电机本身则是通过以下两种动力源来运转：

(1) 使用氢气来产生电流的燃料电池（图1.13）。
(2) 电池组。

图 1.13　氢燃料电池电动汽车

2.3.2 燃料电池汽车结构

图 1.14 所示燃料电池汽车的动力来自氢燃料电池，与纯电动汽车相比，在结构组成上多了一个燃料电池反应堆和用于存储燃料（氢气）的储氢罐。因为燃料电池反应堆产生的电能用于驱动电机，因此，动力电池也是必不可少的，无须外接充电装置。总体而言，燃料电池电动汽车由电动机、动力电池、燃料电池反应堆、储氢罐、变频器等组成。

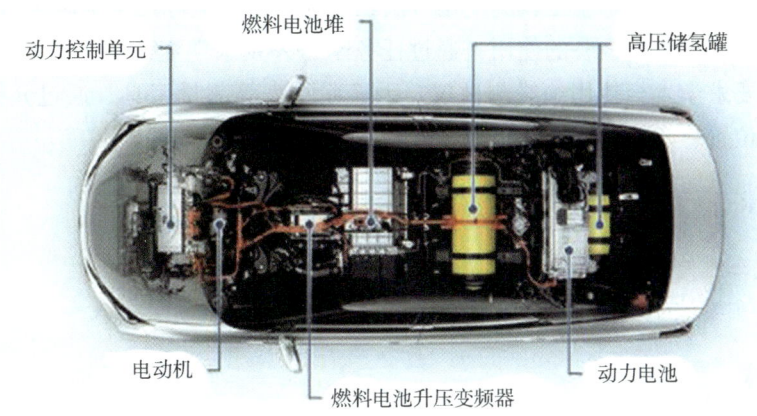

图 1.14 燃料电池汽车结构

思考并查阅：查阅资料，找出一款燃料电池汽车，并了解它的结构组成。

_____
_____
_____
_____

2.3.3 燃料电池汽车工作原理

燃料电池汽车的工作原理是，作为燃料的氢在汽车搭载的燃料电池中，与大气中的氧气发生氧化还原化学反应，产生出电能来带动电动机工作，由电动机带动汽车中的机械传动结构，进而带动汽车的驱动桥等行走机械结构工作，从而驱动电动汽车前进。其核心部件是燃料电池。燃料电池的反应结果会产生极少的二氧化碳和氮氧化物，副产品主要产生水，因此，被称为绿色新型环保汽车。关于氢燃料电池工作原理，将在项目五中结合具体车型详细介绍。

任务 3　新能源汽车专用设备使用及维修工位布置

思政教育

使用设备需要具备一定的专业知识和技能，强调操作时的安全注意事项，以保障人身安全和设备的正常运行。合理布置维修工位，确保工作环境安全和高效。遵守操作规程、保护用户隐私和保密信息，坚持诚信原则，提供优质的维修服务，树立良好的职业道德和形象。

任务导言

新能源汽车在维修时，与传统燃油车一样，需要用到扳手、套筒等拆装工具，也需要用到万用表、示波器等检测工具。与传统燃油车不同的是，考虑新能源汽车维修时的高压安全防护，实际维修时，还配备了多种专用设备和工具。熟悉了工具的使用方法，还要熟悉新能源汽车维修时的工位布置。

本任务介绍新能源汽车专用设备的使用，通过任务学习，要求学生熟练掌握绝缘手套、护目镜、安全帽的检查和使用，要求学生会使用绝缘测试仪、手摇兆欧表等测量工具。通过介绍维修时工位布置，更加明确工作时工具位置、车辆位置等信息。

任务学习知识要求

1. 了解新能源汽车维修检测工具的使用方法及注意事项；
2. 掌握新能源汽车维修工位的布置。

任务学习技能要求

1. 掌握防护设备的使用方法；
2. 熟练掌握检测设备的操作；
3. 能根据新能源汽车维修工位布置图进行场地布置。

任务学习重点、难点

1. 重点：防护设备和检测工具的正确、规范使用；
2. 难点：新能源汽车维修工位的布置。

任务学习所需设备、器材

1. 安全防护套装；
2. 新能源汽车检测工具；
3. 新能源汽车一辆。

任务学习

3.1 防护设备使用

新能源汽车维修作业所用到的防护设备有：护目镜、高压绝缘手套、绝缘鞋、绝缘垫等。这里主要介绍护目镜、高压绝缘手套和绝缘鞋的使用。

3.1.1 护目镜的使用

使用护目镜有两个作用。第一，为了防止在维修过程中发生对眼部产生撞击等机械伤害，维修人员必须佩戴护目镜。第二，新能源汽车电池组中的电解液对人体具有腐蚀性，它们会对人体造成化学烧伤或烧蚀，佩戴护目镜可以有效防止电解液溅入眼中造成腐蚀伤害。

护目镜能够起到对眼镜等保护作用，在于其设计的结构，在眼镜两侧有侧护板，正确佩戴后，可以防止硬物和电解液从两侧飞入伤害眼镜。作业人员若佩戴近视眼镜，在对新能源汽车进行维修作业时，不能对眼睛侧面起到保护作用，因此，也需要佩戴专用的护目镜。

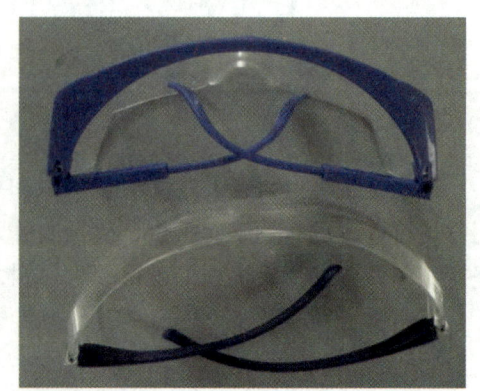

图 1.15　护目镜

在佩戴护目镜之前，要对它进行检查。检查的内容包括镜面是否有刮花、裂纹，镜架螺丝是否松动，眼镜佩戴是否过紧或过松。图1.15所示是常用的护目镜。

3.1.2 绝缘手套的使用

绝缘手套的作用主要也有两个。第一，具有保护使用者在接触带电电路时免受电伤害的作用；第二，在对新能源汽车电池进行维修作业时能够防止电池酸碱电解液的腐蚀。高压绝缘手套的防护等级取决于手套的额定电压，通常会标注手套上。此外，汽车行业中所使用的"高压"一词指的是高于30V的交流电压或高于60V的直流电压。绝缘手套不可用于触电防护之外的其他任何类型的防护，并且绝缘手套易受割伤、磨损、高温或化学劣变的影响。这些损害将导致手套永久无法使用。技术员应在每次使用高压绝缘手套前检查手套是否受损。图1.16所示是常用的高压绝缘手套。

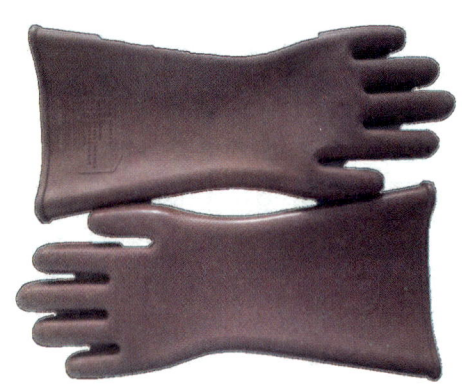

图1.16 高压绝缘手套

为了保证维修人员工作中的安全，绝缘手套在使用前要进行仔细的检查，主要包括外观检查、耐压等级检查和充气检查（表1.3）。

表1.3 绝缘手套检查内容

	绝缘手套检查项目		
	外观检查	耐压等级检查	充气检查
检查内容或目的	1. 检查手套主体是否破损。 2. 检查指套之间是否有黏粘现象。 3. 检查手套是否有裂纹。 4. 检查一双手套是否配对。	1. 检查手套是否有耐压等级。 2. 检查耐压等级是否高于要维修的车辆所携带的最高电压。 3. 注意交、直流电的不同。	将每副手套从手套袖口处开始快速卷起，使其手套的手指和手掌部分充气鼓起。 1. 捏紧手套的袖口处以锁住空气。 2. 将手套的袖口紧密地向手套指尖方向卷起，仍然捏紧卷起的部分。 3. 确保手套的手掌区域和指尖区域因为空气挤压充入而鼓起。 4. 确保手套在鼓起后保持充气压力且不漏气，掰开手套指缝间观察细听有无漏气。 5. 若手套未膨胀鼓起，定位漏气来源。 6. 对下一副手套重复本检查。

在上述的充气检查中，若手套无法充气或充气后漏气，技术人员必须找到漏气位置。每次使用后技术人员都应对手套进行检查和测验。一经发现绝缘手套在最近一次使用中受到损坏，技术人员应立即替换完好的手套。外观检查有时通过印制在绝缘手套上的信息也能查到，在图1.17所示的绝缘手套中，可以查到其生产厂家为天津双安劳保橡胶有限公司，生产执行标准是Q/12HG5096，耐压等级是12 000V。该耐压等级的手套在目前出厂的新能源汽车维修时是足够使用的。

需要说明的是，绝缘手套通常由天然或合成橡胶制成。有些绝缘手套会有内外层对比色。这些对比色可以使手套的磨损部分更容易被发现。绝缘手套的尺寸应适宜使用者的手部大小，如果太松，手套佩戴后会皱巴并影响操

图1.17 绝缘手套耐压等级

作时手部的灵活性。如果太松，手套佩戴后会使整只手受到过大的约束力，操作时也难以灵活发挥。

绝缘手套一旦投入使用后便必须每六个月进行一次质量检验。若手套还未经使用，则必须在购买后12个月内进行检测，并在此后每6个月进行一次检验。在手套通过测验后，检测设备在每副手套上标注最新一次的测验日期。

3.1.3　绝缘鞋的使用

绝缘鞋就是使用绝缘材料制作的一种安全鞋。不同于普通的劳保鞋，电绝缘鞋的适用范围，新标准GB12011—2000中明确地指出：耐实验电压15kV以下的电绝缘皮鞋和布面电绝缘鞋，应用在工频（50~60F）1 000V以下的作业环境中，15kV以上的试验电城市的电绝缘胶鞋，适用于工频1 000V以上作业环境中。

绝缘鞋在新能源汽车维修中既能够起到防止触电的作用，又能够在一定程度上保护脚部免受机械伤害。图1.18所示是新能源汽车维修时常穿的绝缘鞋。

图1.18　新能源汽车维修用绝缘鞋

在穿绝缘鞋之前也需要对其进行检查，检查的项目包括鞋面是否破损、鞋底是否断裂、鞋底是否过度磨损、鞋的尺寸是否合适等，具体检查方法可扫描二维码，观看在线教学视频。

3.2　测量设备及绝缘工具的使用

新能源汽车维修时，用到的测量设备有：手摇式绝缘测试仪、数字式绝缘测试仪、放电工装等。使用这些设备可以在维修前对汽车上高压部件的电阻大小、是否漏电等情况进行检查。除此之外，还配套有绝缘扳手、绝缘套筒等绝缘工具，用于高压或可能带电部件的拆装。这部分将对主要的测量设备如何使用进行介绍。

3.2.1　手摇绝缘电阻表

手摇绝缘电阻表又称摇表，它的单位是兆欧。绝缘电阻表由中大规模集成电路组成，其输出功率大，短路电流高，输出电压级多。绝缘电阻表是电力、邮电、通信、机电安装和维修等行业常用的仪表。它用于测量各种绝缘材料的电阻值，以及变压器、电机、电缆和电气设备等的绝缘电阻。从外观上看，它由摇柄、刻度盘和三个接线柱组成，如图1.19所示。

手摇绝缘电阻表根据所测电压的不同，常用的有500V、1 000V和2 500V三种，新能源汽车上常选用1 000V的，如图1.20所示。

与手摇绝缘电阻表表针相连的有两个线圈，一个与表内的限压电阻串联，另一个与限流电阻串联，两者一起接到手摇发电机上。当以120r/min速度均匀摇动手柄时，两个线圈中同时有电流流过，在两个线圈上产生方向相反的转矩，表针就随着两个转矩的合成转矩的大小而偏转某一角度，偏转角度取决于两个电流的比值，限压电阻是不变的，因此，电流值仅取决于限流电阻的大小。

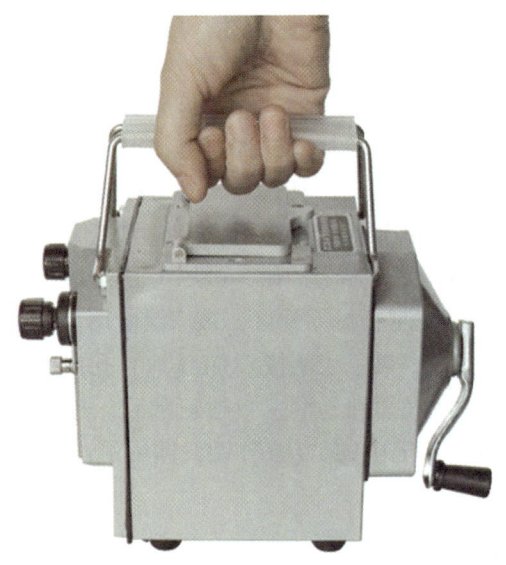

图1.19 手摇绝缘电阻表

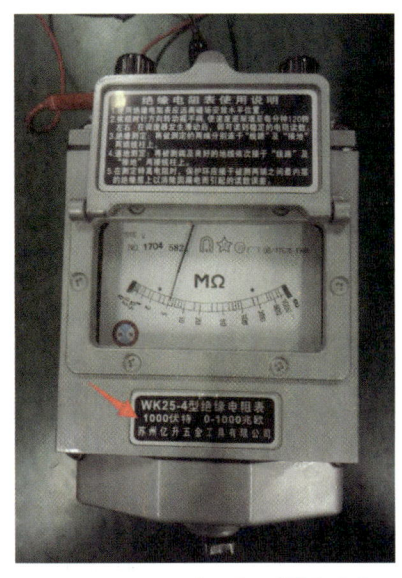

图1.20 500V电压级手摇兆欧表

手摇绝缘电阻表在使用中要做到以下几点。

（1）使用前的安全检查。在使用前应检查绝缘电阻表连接连接线的绝缘层是否完好，有无破损。检查绝缘电阻表固定接线柱有无滑丝。

开路试验：将绝缘电阻表水平放置，连接开路，以120r/min的速度摇动手柄。在开路试验中，指针应指在无穷大的位置，如图1.21所示。需要注意的是，在开路试验中，双手不能触碰线夹的导体部位，试验完成后，相互触碰线夹放电。

短路试验：以120r/min的速度摇动摇柄，使L和E两接线柱输出线瞬时短接。短路试验中，指针应迅速指向零的位置，如图1.22所示。需要注意的是，在短路试验中，摇动手柄时不得让L和E短接时间过长，以免损坏绝缘电阻表。

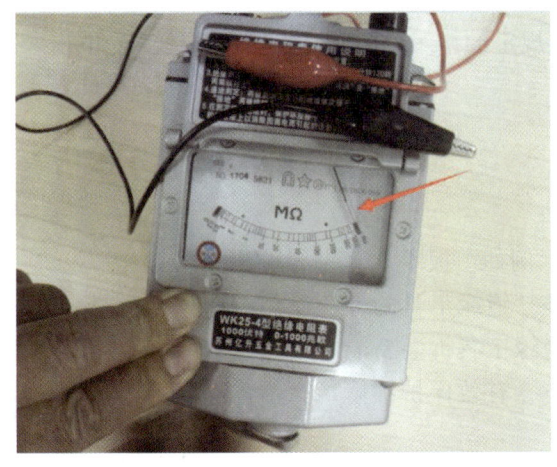

图1.21 开路试验

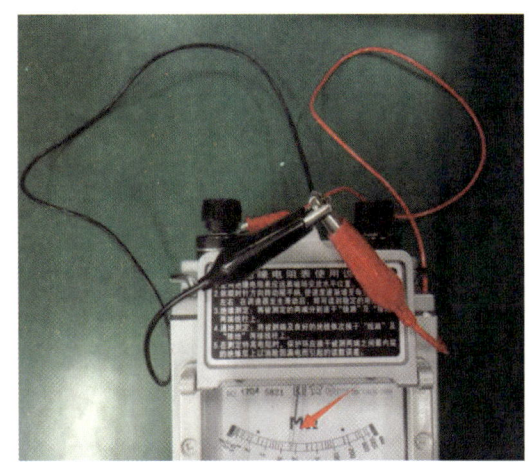

图1.22 短路试验

（2）规范使用手摇绝缘电阻表。手摇式绝缘电阻表在使用的时候要注意以下事项：①使用绝缘电阻表时应远离磁场安放水平位置；②摇测过程中，被测设备上不能有人工作；③绝缘电阻表线不能缠绕在一起，要分开；④禁止雷电天气或高压设备附近测绝缘电阻，只能在设备不带电，也没有感应电的情况下测量；⑤测量结束时，大电容设备要放电。

3.2.2 数字绝缘测试仪

数字绝缘电阻表受电池驱动,具有精度高、读数直观、操作方便、安全可靠、便于携带等优点,已成为测量绝缘电阻最常用的仪表。数字绝缘电阻表一般由直流电压变换器将电池电压转换为直流高压电作为测试电压,该测试电压施加于被测物上产生的电流经电流电压转换器转换为相应的电压值,然后送入模数转换器变为数字编码,再经微机处理,由显示屏显示相应的电阻值。绝缘测试仪内部可以产生不同大小的电压,通常有50V、100V、250V、500V和1 000V等多个档位,可用于测量不同电压下物体的电阻大小。图1.23所示是福禄克牌绝缘测试仪,其性能优越、可靠性好,被广泛使用。

具体的使用方法是,首先将测试表笔与测试仪连接好,黑色表笔接COM(地)孔内,测试表笔接到"绝缘"孔内。在使用前还应进行自检,自检有开路检测和短路检测。自检正常后,选择正确的电压档位,将两支表笔分别放在被测物体两端,按下红色测试表笔中的"test"键,即可测出当前电压下被测物体的绝缘电阻值。

 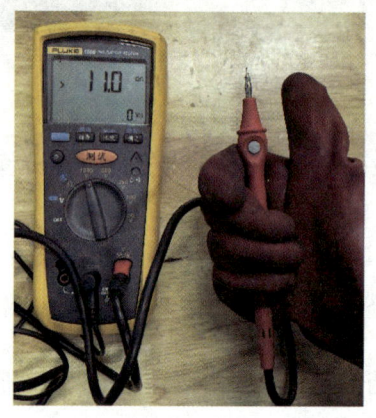 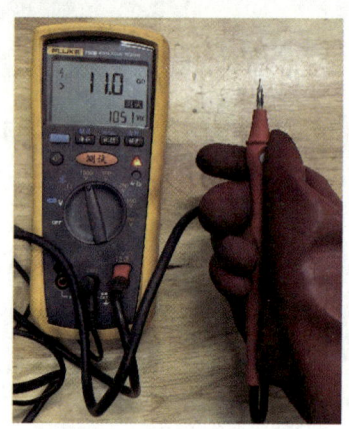

图1.23 绝缘测试仪及其使用方法

需要说明的是,绝缘测试仪在测试时内部产生的瞬间电压可达上千伏,尽管在测试回路中产生的电流较小,但如果不遵守操作规范或不遵循仪表制造商所规定的指示说明和防御措施可能遭受电击。因此测量时必须佩戴好绝缘手套。

3.2.3 绝缘工具

绝缘工具主要是用于新能源汽车拆装的常用工具,例如:扳手、套筒、接杆、螺丝刀等(图1.24)。与常规工具不同的是,绝缘工具的外壳不再是金属的,而是被一层绝缘材料覆盖。在使用绝缘工具拆装新能源汽车高压部件时,配合绝缘手套使用,可以防止触电、有效保护维修人员的安全。

3.3 新能源汽车维修工位布置

3.3.1 场地要求

教学用新能源汽车维修场地应设在规范的实训室或车间内,符合防火安全规定,防火疏散标识清晰、齐全,疏散通道畅通;场地采光、照

图1.24 绝缘工具套装

明和通风良好，提供稳定的水、电、气源，并配有供电应急设备。工位占地面积 40m² 左右，提供 220V 交流电，插座带漏电保护器和接地保护，能承载至少 7kW、电流 32A 以上，场地净高度不小于 4.2m。

图 1.25 所示为新能源汽车维修场地工位布置参考标准平面图。工位长 8m，宽 5m，高不小于 4.2m。平面图中，A 为工具车，B 为警示牌，C 为备用 12V 电瓶，D 为工作台（可以防止检修仪器和防护设备），E 为裁判椅（用于比赛），F 为故障设置平台或检测台架（用于教学），G 为车辆，H 为举升机，I 为随车充电枪，J 为电池举升车（用于动力电池拆装的升降），K 为干粉和水基灭火器、消防沙、垃圾桶及拖把，L 为零件车。

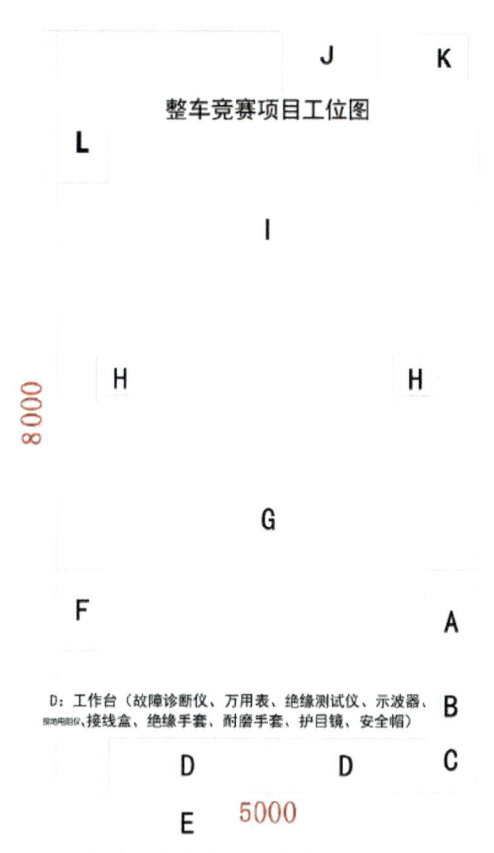

图 1.25 新能源汽车维修（教学）工位布置平面图

3.3.2 维修技术规范

新能源汽车维修和教学过程需要执行的技术规范主要来自国家标准和厂家标准，下面是列举的国家标准。

（1）维修车型的维修手册和电路图。

（2）GB-T18384.1-2015 电动汽车安全要求第 1 部分：车载可充电储能系统。

（3）GB-T18384.2-2015 电动汽车安全要求第 2 部分：操作安全和故障防护。

（4）GB-T18384.3-2015 电动汽车安全要求第 3 部分：人员触电防护。

（5）GB-T20234.1-2015 电动汽车传导充电用连接装置第 1 部分：通用要求。

（6）GB-T20234.1-2015 电动汽车传导充电用连接装置第 2 部分：交流充电接口。

（7）GB-T27930-2015 电动汽车非车载传导充电机与电池管理系统之间的通信协议。

（8）GB-T28382-2012 纯电动乘用车技术条件。

（9）DB11/Z878-2012 电动汽车电能供给与保障技术规范动力蓄电池系统维修。

（10）GB-T18488.1—2015 电动汽车用驱动电机系统第 1 部分：技术条件。

（11）GB-T18488.2—2015 电动汽车用驱动电机系统第 2 部分：试验方法。

（12）《汽车维护、检测、诊断技术规范》（GB/T18344）。

（13）《纯电动汽车维护、检测、诊断技术规范》（JT2018-42）。

（14）《新能源汽车维护技术标准》（试行）。

新能源汽车发展历程

项目导言

目前，世界各国都在大力发展新能源汽车，许多国家已经制订了停止生产销售传统能源汽车的时间表（荷兰和挪威2025年，德国和印度2030年），我国也在着手计划停售燃油车，其中海南省预计将在2030年全岛实现禁售燃油汽车。国家陆续出台的各项扶持培育政策使得新能源汽车生产及销售量呈现出爆发式增长。据乘联会和中汽协2018年的数据报告显示，传统燃油乘用车销量出现了28年首次负增长，新能源车产量和销售分别同比增长59.9%和61.7%。2022年我国新能源汽车持续爆发式增长，产销分别完成705.8万辆和688.7万辆，同比分别增长96.9%和93.4%，连续8年保持全球第一。低碳、环保的新能源汽车将逐渐取代传统燃油动力汽车，为城市生活、交通带来颠覆性变革。

项目目的

通过对汽车能源发展史、我国新能源汽车发展路线、国外新能源汽车发展、新能源汽车企业概览4个具体任务的学习，我们可以更加具体了解新能源汽车的国内外发展状况。

任务1　汽车能源发展史

思政教育

阐述我国新能源汽车产业从"跟跑"到"并跑-领跑"的发展历程以及"创新驱动、产业升级"的奋斗过程，激发学生科技报国的担当与情怀。要充分意识到新能源汽车产业的发展对国家经济和能源安全的重要性，认识到个人能源消费行为对环境和社会产生的影响，大力倡导节约能源、低碳出行和绿色生活方式，为可持续发展贡献力量。

任务导言

能源是人类社会发展的基石，是世界经济增长的动力。纵观历史，每一次生产力的飞跃、科技的进步均与能源变革息息相关。在石油时代，汽车使用汽油、柴油作为动力燃料，不但给城市造成空气污染，而且随着石油供应短缺，造成燃油价格上涨，随之出现燃气汽车和生物燃料汽车，作为替代燃料。能源发展逐步向再生能源过渡，出现利用太阳能、风能等发电的电动汽车，最终出现以氢为燃料的燃料电池汽车。通过本任务的学习，能够了解汽车能源发展史。

任务学习知识要求

1. 了解石油时代前的汽车燃料发展史；
2. 了解石油时代汽车燃料发展史。

任务学习技能要求

能根据能源发展历史理解新能源汽车发展历史。

任务学习重点、难点

1. 重点：石油时代前的汽车燃料发展史；
2. 难点：石油时代汽车燃料发展史。

任务学习所需设备、器材

PPT、视频。

任务学习

1.1 石油时代前的汽车燃料史

1.1.1 蒸汽机驱动三轮车

1765年，英国瓦特改良了蒸汽机，如图2.1所示，引发了18世纪的工业革命，促进了社会经济的发展，改变了全球的面貌。

1769年，法国陆军工程师古诺研制出了世界上第一辆蒸汽机驱动的三轮车，如图2.2所示，利用装在车前部的一个锅炉产生的蒸汽推动气缸中的活塞来驱动前轮运行。虽然这台车辆的速度只有3.5 km/h而且运行时隆隆作响、滚滚浓烟，但是正是它的出现标志着人类以机械力代替人力、畜力等驱动车辆时代的开始。由于试车时转向系统失灵，撞到般圣奴兵工厂的墙壁上粉身碎骨，这也是世界上第一起机动车事故。

图2.1 蒸汽机

图2.2 汽机驱动的三轮车

1.1.2 直流电机驱动电动车

1834年，美国托马斯达文波特制造了一辆电动三轮车，它由一组不可充电的干电池驱动，只能行驶一小段距离。大约 1838 年，Robert Anderson 又制造了一辆类似的车，时速可以达到 6km/h。不过，这两辆车共同之处就是都没有使用充电电池。

1.1.3 气体燃料发动机

1860 年，法国莱诺以煤气作为燃料，研制成世界上最早的气体燃料发动机，如图 2.4 所示，1876 年，德国奥托又对莱诺的发明进行了改进提高，通过采用飞轮组件，使得发动机的运转更为平稳，又通过加长进气道和改进气缸盖构造等，使得气体燃料与空气的混合更为充分，进而提高了气体发动机的热效率。

图 2.3　直流电机驱动的电动车

图 2.4　气体燃料汽车

1.1.4 合成气驱动汽车

1901 年，托马斯·休·帕克由木材气化炉产生的一种合成气作为驱动汽车的燃料。在生产过程中，生物质或含碳物质在缺氧环境下燃烧生成以氢气和一氧化碳为主的合成气，然后在富氧的环境下燃烧产生二氧化碳、水和热量，首次将木煤气用于汽车，如图 2.5 所示。

1.1.5 石油提取煤油法—燃油汽车

到 19 世纪中叶，波兰药剂师卢卡西维茨发现了使用更易获得的石油提取煤油的方法，并于 1854 年首次挖掘了世界上第一口油井，如图 2.6 所示。由于常规石油的经济价值最高，能源很快进入石油时代，汽车燃料也随之进入燃油汽车阶段。

图 2.5　合成气驱动汽车

图 2.6　第一口油井

1.2 汽车燃料发展阶段

常规原油的烃类价值层次最高，因此，我们所处的能源时代称为石油时代，可是，随着全球经济发展,石油大力开发,以至于石油在一次能源消费中的比例逐年降低,能源供应呈现多元(种类)化和多源(渠道)化,这个时代称为后石油时代。

汽车燃料的发展随着能源时代而变迁,可以分为3个阶段,从燃油汽车→替代燃料汽车(燃气汽车、掺混燃料汽车、两用燃料汽车、双燃料汽车、电动汽车)→燃料电池汽车。

1.2.1　燃油汽车阶段

燃油车以汽油和柴油为发动机的驱动力,燃料能耗高,汽车尾气排放有氮氧化物、含硫化物和二氧化碳等,是造成城市雾霾的主要原因之一。如图2.7所示。

图2.7　燃油车

1.2.2　替代燃料汽车阶段

使用替代车用汽油和柴油的汽车。这种替代燃料汽车分为5种类型。

(1)燃气汽车(Gas vehicle)(图2.8)。利用可燃性气体作为燃料的汽车,燃气汽车可分为:天然气汽车(压缩天然气汽车、液化天然气汽车)和液化石油汽车。

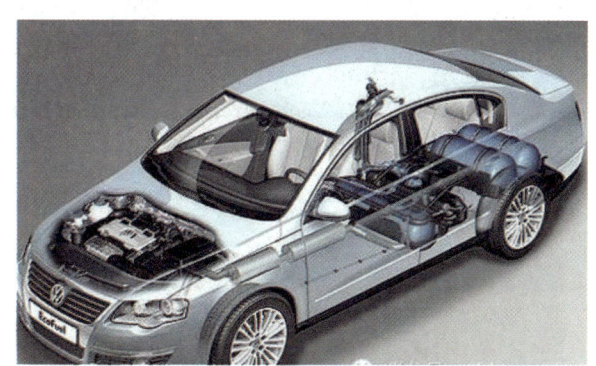

图2.8　燃气汽车

(2)掺混燃料汽车(图2.9)。汽车只有一套燃料供给系统,可以使用普通汽油,也可以使用汽油与醇类(乙醇或甲醇)混合燃料,如:E85(85%乙醇,15%汽油)或M85(85%甲醇,15%汽油)或这些燃料的其他比例。

图 2.9　掺混燃料汽车

（3）两用燃料汽车（Bi-fuel Vehicles）（图 2.10）。使用汽油或替代燃料的汽车，具有两套独立的燃料供给系统，两种燃料可以互相切换，但是一次只能使用一种燃料。

图 2.10　两用燃料汽车

（4）双燃料汽车（Dual fuel vehicle）（图 2.11）。同时，使用一种替代燃料和汽油或柴油的汽车。两种燃料经两套独立的燃料供给系统，同时，喷入发动机燃烧室。

图 2.11　双燃料汽车

（5）电动汽车（Electric Vehicles）（图 2.12）。指以车载电源为动力，用电动机驱动车轮行驶的车辆。

图 2.12　电动汽车

1.2.3　燃料电池汽车阶段

将车载燃料电池所产生的电力用作动力的汽车,燃料电池直接将化学能转化为电能而不经过热能这一中间环节,因而效率高。燃料电池汽车根据入池燃料不同而分为氢燃料电池汽车、车载重整燃料电池汽车和直接甲醇燃料电池汽车等类型。

目前,汽车燃料发展已经进入替代燃料汽车阶段,这是一个比较长得发展时期,而且燃料种类多,车型也多,可再生能源如生物乙醇、生物柴油、生物丙醇、一次电力等开始进入汽车燃料领域。汽车燃料发展不但改变汽车的运行性能,更重要的是节省能量,减少了能耗。电动汽车是汽车发展的中间阶段,最终朝向燃料电池汽车发展(图 2.13)。

图 2.13　燃料电池汽车

任务 2　我国新能源汽车发展路线

思政教育

新能源汽车作为能源转型的重要组成部分,对实现可持续发展具有重要意义。积极参与节能减排行动,形成绿色出行的习惯。认识我国新能源汽车发展的重要性和现实意义,形成支持和参与新能源汽车发展的思想和行动,共同推动我国新能源汽车产业的发展和进步,为国家的可持续发展和经济社会的进步贡献力量。

任务导言

我国新能源汽车技术路线经历了四个发展阶段,2003—2005 年,国家中长期科技发展规划确立了节能与新能源汽车战略(低能耗与新能源汽车);2009—2012 年,科技部与工信部发展规划确立了"纯电驱动"技术转型战略;2014 年,确立了发展新能源汽车的汽车强国战略,开启了中国新能源汽车产业化新阶段;2018 年 11 月,全国政协召开"促进新能源汽车产业健康发展"双周座谈会,一些委员建议研究制订面向 2035 年新能源汽车发展战略规划,尽快明确分类别、分地区的禁售燃油车时间表,稳定产业发展预期,开启了新一轮战略讨论的序幕。

通过本次任务学习,能够了解我国对新能源汽车发展的相关政策,了解我国对新能源汽车产业发展状况,理解我国新能源汽车发展三纵三横的布局。

任务学习知识要求

1. 了解我国对新能源汽车发展的相关政策;
2. 了解我国对新能源汽车产业发展状况;
3. 了解新能源汽车的发展路线。

任务学习技能要求

了解我国新能源汽车发展路线。

任务学习重点、难点

1. 重点:新能源汽车发展的相关政策和产业的发展;
2. 难点:我国新能源汽车发展路线。

任务学习所需设备、器材

电脑、多媒体。

任务学习

2.1 国家政策

2.1.1 财政补贴政策

自 2009 年到 2015 年底,中央财政对新能源汽车累计安排补助资,334.35 亿元。在新能源汽车作为国家力推的新能源战略产业背景下国家对新能源汽车的补贴政策不断出台。这些补贴虽然有助于新能源汽车产业的发展,但弊端也不断显现补贴政策标准也逐步收紧并进一步提高了"准入门槛"。限制中央及地方补贴额除燃料电池汽车外,各类车型从 2019 年开始每两年补贴上限下调 20%。2020 年以后,补贴政策全面取消。以续航里程 250km 的纯电动汽车为例,按今年新规计算,国家补贴为 4.4 万元,地方补贴最高为 2.2 万元,比去年减少 4.4 万元。从 2009 年开始,实施"十城千辆"(2009 年至 2012 年实施的十城千辆节能与新能源汽车示范推广应用工程)政策,到 2022 年底新能源汽车购置补贴结束,我国新能源汽车财政补贴已经实施 13 年。我国出台的系列鼓励政策及财政补贴政策,是新能源汽车产业从无到有、换道超车最重要的因素。

2023 年,新能源汽车补贴正式离场,市场化阶段正式开启。新能源汽车正式进入全面市场化拓展期,迎来新的发展和增长阶段。

2.1.2 车企准入政策

2017 年 1 月 16 日,工信部公布了《新能源汽车生产企业及产品准入管理规定》,明确了新能源汽车的范围和定义,提出了新能源汽车生产企业的准入要求和监督检查措施,建立了运行安全监测制度和法律法规。在乘用车领域,新规定不再单纯按照续航里程划分,而是把电池系统的能量密度作为标准要求。新的管理规定提高了新能源汽车企业准入门槛,未来新能源车企总量将被控制。目前,发改委全国投资项目在线审批平台显示,全国已有 10 家企业获批新能源汽车建设项目。

2.1.3 配套设施政策

截至 2016 年 10 月，我国电动汽车公共充电桩达 10.7 万个，较上一年增长 118%，私人充电桩约 7 万个，车桩比例约为 2.7∶1。各地方政府也因地制宜，也纷纷出台充电基础设施发展规划。浙江省根据《浙江省电动汽车充电基础设施"十三五"发展规划》，到 2020 年，将建成充换电站 800 座，充电桩 21 万个以上。北京市也计划配建电动汽车充电桩约 43.5 万个。至 2020 年，上海市新能源车辆充电桩规模至少达到 21.1 万个。更改为：以北京为例，其在《"十四五"时期能源发展规划》中明确，将大力推动机动车"油换电"，推动氢燃料汽车规模化应用，到 2025 年，全市新能源汽车累计保有量力争达到 200 万辆，相较同期全市小客车 580 万的保有量，新能源车占比将达到相当程度；同时，公交、出租、环卫、邮政等公用领域用车基本实现电动化。另外，全力推动充换电基础设施建设，到 2025 年，将累计建成各类充电桩 70 万个，平原地区公共充电设施平均服务半径小于 3 公里。

2.2 产业发展

2022 年，中国新能源汽车出口 67.9 万辆，同比增长 1.2 倍，2022 全年新能源汽车产销分别完成了 705.8 万辆和 688.7 万辆，同比分别增长了 96.9% 和 93.4%，连续 8 年保持全球第一；新能源汽车新车的销量达到汽车新车总销量的 25.6%，带动整车出口呈现量价齐升态势。

在未来，新能源汽车市场的发展趋势主要有三个，分别是技术发展将降低生产成本、更好的电动汽车性能数据以及汽车电子技术发展将带动国内电动汽车市场增长。

2.2.1 降低生产成本

首先电动汽车电池行业以及其他电动汽车零部件行业不断见证技术突破。作为电动汽车的核心部件，电池成本对整车成本的控制至关重要。在中国，2021 年电池的平均价格达到 111 美元/千瓦时，到 2026 年，平均采购价格有望进一步下降。这些领域的技术发展降低了电动汽车的生产成本，使国内电动汽车主机厂在与国外品牌竞争时具有价格优势。未来，在动力电池等电动汽车零部件模块化生产进一步发展的推动下，整车厂通过标准化生产可以更有效地控制生产成本。预计将受益并进一步推动中国电动汽车市场的发展。

2.2.2 更好的电动汽车性能数据

而价格相似的燃油汽车相比，电动汽车通常提供更好的性能数据，例如功率、扭矩和加速度，这反过来又推动了消费者对电动汽车的需求。由于移动的机械部件更少，电动汽车尤其能够为车主提供更少的维护要求。电动汽车和燃油汽车的原理和动力输出方式不同。电动汽车的动力源来源于电能直接快速转化为动能，无需中间介质。燃油汽车的动力转换和输出不像电动汽车那样直接，也会消耗一些能量，导致动力损失。持续的技术发展将带来更高的能量密度、更高的安全水平和更长的电池寿命。这些改进将进一步提升电动汽车的用户体验。

2.2.3 汽车电子技术发展将带动国内电动汽车市场增长

传统汽车发展历史悠久，生产已进入成熟期。与德国、日本、美国等被视为汽车强国的国家相比，中国的发展历史较短，核心或先进技术较少。然而，电动汽车的出现为中国在汽车领域赶超国外提供了机会。在国家政府的鼓励和支持下，随着研发投入的加大，我国汽车电子技术将取得显著进步，主要体现在电池、电动机控制系统等方面。此外，更多学术背景和研发能力强的人才将进入电动汽车行业，这将提升整个行业的内生研发能力。

2.3　我国新能源汽车发展路线

新能源汽车尤其是电动汽车实质性的发展，是近十年的事情。但实际上，在此之前的"八五""九五"期间，我国就已经开始了相关方面的研究工作。

"九五"期间我国"清洁汽车行动"正式启动。以降低汽车排放污染、净化空气为目标，以高新技术的开发、应用、推广为依托，推动科技产业化，"清洁汽车行动"对我国汽车工业的发展，以及环境保护方面做出了巨大的贡献。整个"九五"期间，科技部等部门共为相关的研究项目投入了 5 000 万元经费。这个数字在当时是令人惊叹的。仅天然气汽车一项，与欧美等西方发达国家相比，我国现在已经走在世界前列。而 11 个示范城市推广的经验，也为日后电动汽车的示范运营提供了有益借鉴。

"十五"期间科技部提出了我国发展新能源汽车的实施方案，电动汽车重大专项被国家科教工作领导小组批准为国家"十五"；期间重点组织实施的 12 个重大科技专项之一。2001 年，我国启动了"863 计划"电动汽车重大专项，其中包括的电动汽车包括三类：混合动力汽车、纯电动汽车、燃料电池汽车。并以这三类电动汽车为"三纵"，多能源动力总成控制系统、电机及其控制系统和电池及其管理系统为"三横"。

"十一五"期间，在"十五"的基础上，企业的信心得到了加强，加之国际发展潮流的兴起，整个产业界加入了进来。到了"十一五"后期，又开始了示范运行，把研发结果推向市场。从 2001 年电动汽车专项规划组成立起，经过两个五年规划的发展，我国新能源汽车以整车产品为载体，以动力系统为核心，已经突破关键零部件瓶颈技术和系统集成技术，基础研究不断深化，公共服务平台得到建立，构筑起"三纵三横"研发布局，形成了节能与新能源汽车的总体研发体系，推动了新能源汽车战略性新兴产业的形成。

2010 年，我国将新能源汽车列为七大战略性新兴产业之一，2012 年，国务院发布的《节能与新能源汽车产业发展规划 2012—2020 年》以及科技部《电动汽车科技发展"十二五"专项规划》中，中国新能源汽车"纯电驱动"的发展路径，被明确确立为新能源汽车发展和汽车工业转型的主要战略趋向。

"十二五"期间，投入研发专项资金超过 70 亿元，带动数百亿元的产业界研发投入；示范推广方面，在新能源汽车购买、使用、充电基础设施等环节逐步形成了以财政补贴和税收优惠为主体、非财税政策作为重要补充的多元化支持政策；标准体系方面，已发布电动汽车标准 75 项，涵盖基础通用、整车、关键总成、电动附件、基础设施、接口与界面等六大领域；另外，制定新能源行业专项管理政策，对投资项目核准/备案、企业及产品准入公告管理等方面进行严格规定，进一步规范了行业管理。

2015 年，我国新能源汽车共计生产 37.9 万辆，销售 33.11 万辆，同比分别增长 3.8 倍和 3.4 倍，超越美国成为全球第一大新能源汽车市场。截至 2015 年年底，新能源汽车累计推广超过 45 万辆，基本实现《节能与新能源汽车产业发展规划（2012—2020）》中 50 万辆的目标。

"十三五"期间国内外主流整车企业在节能与新能源汽车领域投入上千亿资金，累计投放各类新能源车型 200 余款见表 2.1 所列。这表明主要车企已将节能与新能源汽车明确视为未来的市场高地，并予以重点布局。

表 2.1　新能源车型

企业	投资/经营	目标	新能源车型规划
北京汽车股份有限公司	营收 600 亿元	年产销量 50 万辆	11 款新车
上海汽车集团股份有限公司	投资超 200 亿元	年产销量 20 万辆	30 款以上新车
一汽集团	—	占市场份额 15% 以上	16 款车型全系列产业化准备

续表

企业	投资/经营	目标	新能源车型规划
比亚迪股份有限公司	募资 150 亿元	产能 200 万辆，累计产销 500 万辆	"7+4" 战略布局
长安汽车股份有限公司	共投 180 亿元	2020 年累计销量 40 万辆	27 款 BEV，7 款 PHEV
广州汽车集团股份有限公司	20 亿元	年销量 10 万辆	6 款全新车型
江淮汽车股份有限公司	募资 45 亿元	新能源占比 30%以上	2017 年前 7 款
奇瑞汽车股份有限公司	投资 15.6 亿元	年产销 20 万辆	A 级以上插电式混合动力，A0/A00-EV+REV
吉利控股集团	投资 100 亿元	PHEV/HEV 占 65%，BEV 占 35%	插电式混合动力全系搭载，HV 搭载 A/A+级
力帆集团	募资 52 亿元	新能源整车累计销售 50 万辆	21 款电动汽车和混合动力车
长城汽车股份有限公司	募资 168 亿元	—	交车-电动汽车或 48V，SUV-插电式混合动力
众泰控股集团	总投资 100 亿元	—	12 款新车

《中国制造 2025》强力实施及企业研发推进驱动，我国新能源汽车将在产品技术上取得重大突破。预计"十三五"期间，300 km 以上续航里程的纯电动乘用车将大幅涌现，燃料电池客车将尝试产业化应用，锂离子电池模块能量密度有望突破 300 W·h/kg 大关，高电压电解液等电池基础材料陆续得到成功研发，15 000 r/min 以上电机将进入规模化量产阶段。新能源汽车技术路线也存在分化发展的趋势。外资车型近期总体将以插电式混合动力、混合动力为主。自主车型将以电动汽车和插电式混合动力为主，电动汽车主要应用于紧凑型及以下车型市场；紧凑型以上则以插电式混合动力为主，仅比亚迪、北汽等为数不多的企业有发展中级及以上纯电动车型的计划。

任务 3　国外新能源汽车发展

思政教育

了解国外新能源汽车发展的经验和教训，借鉴其成功经验并关注不足之处，引导学生形成正确的思想和行动模式。关注国外先进技术和创新模式，激发创新意识，推动我国新能源汽车技术的研发和应用，促进我国新能源汽车产业的创新发展和国际竞争力的提升。

任务导言

美、日、欧等发达国家对新能源汽车技术高度重视，并大力推行新能源汽车产业发展优惠政策，在技术研发、税收、补贴等方面提供支持，积极促进各自新能源汽车产业的发展。国外根据新能源汽车产业所处发展阶段的实际需要动态调整扶持政策，其目标是使电动汽车产业顺利实现由政府推动过渡到市场推动中。

任务学习知识要求

1. 了解国外对新能源汽车发展的相关政策；
2. 了解国外对新能源汽车发展状况。

任务学习技能要求

了解国外新能源汽车发展状况。

任务学习重点、难点

1. 重点：新能源汽车发展的相关政策；
2. 难点：了解国外对新能源汽车产业发展状况。

任务学习所需设备、器材

电脑、多媒体。

任务学习

3.1 美国新能源汽车政策和产业发展

美国政府非常重视新能源技术的开发和应用。2013年，美国出台了《美国创新战略：推动可持续增长和高质量就业》，提出由美国政府拨款20亿美元用来支持新能源汽车产业发展；除了资金支持，美国政府还提出产业发展的指导思想，重视市场的资源配置作用，明确了以市场需求为导向的科技研发方向，推出了一系列措施。美国政府及时对消费市场的鼓励政策进行修改和完善。为了鼓励消费者购买，2009年，美国政府制定了为期一年的以旧换新补贴政策，总额为10亿美元。对符合节能减排政策的车型实行减税优惠，2014年，颁布的《新能源政策法》明确规定了汽车四个档次的减税标准，国家为购买插电式混合动力汽车提供高达7 500美元的税收减免。还在美国城市的公用充电设备也为插电式电动汽车提供免费充电业务，方便新能源汽车用户充电。美国能源部的示范运营战略，也为新能源汽车开了好头。在该战略中，能源部投入经费近3.3亿美元，近两万辆电动车和两万个充电站参与了示范。同时，其他非政府部门、不同类型的社会公司以及第三部门也在不同领域参与了示范项目，投资渠道和形式更加多样化，成为重要而有力的补充。

长久以来，让美国人民引以为傲的汽车工业，伴随着欧洲、日本、韩国等地汽车制造业的迅速发展，逐渐走向低谷，继而在2008年爆发的金融危机的影响下，三大汽车公司中的克莱斯勒和通用也相继宣布破产重组。美国的新能源汽车在经历了乙醇燃料、氢燃料电池和混合动力汽车时代，最终明确了纯电动车为新能源汽车的主要发展方向。为提高续航里程，通用于2007年1月推出了零排放车型车雪弗兰VoR，采用通用汽车第五代燃料电池推进技术和锂电池，续航里程可达200mi的纯电动乘用车雪弗兰BoR于2016年年底投放市场。美国汽车行业在新能源乘用车的产品研发和设计

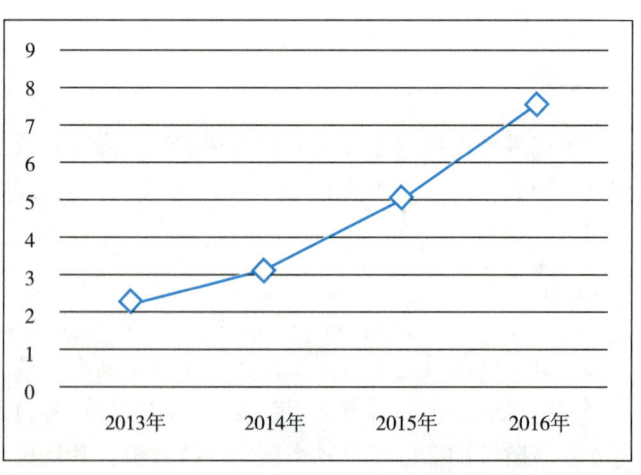

图2.14 2013—2016年特斯拉全球销售量（单位：万辆）

理念的代表是特斯拉。2008年2月，第一批Tesla Roadster问世。两年后，借助美国能源部的4.65亿美元的低息贷款，Tesla在美国上市。2012年，美国电动汽车企业特斯拉强势推出ModelS型纯电动汽车，销售量连续登上美国豪华车排行榜榜首，续写了美国汽车工业的神话。2014年，特斯拉全年在全球销售

了 3.17 万辆 Model S，较 2013 年的 2.23 万辆大幅攀升 42%，并一直保持这样的高速增长态势，特斯拉 2015 年销售了 5.06 万辆电动汽车，2016 年，交付 7.62 万辆（图 2.14）。

2019 年 1 月，上海特斯拉工厂破土动工，成为该公司在美国以外建造的第一家电动汽车工厂。有经济专家曾指出，中国是世界上最大的电动汽车市场，也是特斯拉仅次于美国的最大市场，因此，特斯拉希望接触到庞大的中国消费群体。特斯拉上海超级工厂的建设迅速推进，有望在 2019 年内投产。2019 年，上半年美国电动车累计销量达 148 704 辆，占新车总销量的 1.8%。从制造商排名来看，特斯拉继续在同行业中领跑，占据 56% 的市场份额，紧随其后的是雪佛兰和丰田。通用汽车对电动汽车热情不减，期待到 2023 年推出 20 种新款电动汽车。特斯拉首席执行官埃隆·马斯克更是预测，未来 10 年美国逾半新车将是电动汽车。

3.2 日本、韩国新能源汽车政策和产业发展

3.2.1 日本的国家政策和产业发展

日本的电动车开发经历了三次高峰：第一次，1970 年，经济高速增长，空气高污染，但是使用铅蓄电池，可靠度低，加上高峰电力需求不能满足，所以没有成功推广；第二次，1990 年以后，政府出台法律，一部分企业必须生产电动汽车，日本开始研发第二代电动汽车；第三高峰，2000 年以后，油价迅速上涨，加上环境污染的压力，电动汽车开发速度开始加快。

日本政府通过《2030 年的新能源战略》提出减税、财政补贴等支持。2009 年 4 月，日本对新能源汽车实施"绿色税制"，根据车辆的环保指标减免多种税负，有效地拉动了市场消费，同时，还在制定了一系列政策和规划，以促进和鼓励新能源汽车的普及。同时，汽车企业对该目标的达成将帮助政府完成 2020 年温室气体排放减少 25% 的目标。根据规划，至 2020 年，这一数字应占到 50%，2030 年将占到 70%。规划中还指出，2020 年，日本将为纯电动车型建成 5 000 个快速充电站，200 万个家用普通充电设备。到 2020 年，日本将把电动汽车的年销量提高到 80 万辆、混合动力汽车的年销量提高到 120 万辆。预计 2015 年，混合动力汽车成本降至目前的六分之一，2020 年，单次充电可行驶距离增加 3 倍。

丰田公司的混合动力汽车普锐斯问世，这款车依仗其比传统汽车大量缩减了油耗，迅速抢占了新能源乘用车市场。随后，凯美瑞、卡罗拉、雷凌也纷纷出了混合动力车型。2006 年，三菱汽车开发出新一代电动乘用车 i-MiEV。2010 年开始，续航里程在 160km 以上的日产聆风迅速成为全球销量最高的零排放车型，在美国、欧洲都有很好的销量表现。2012 年 10 月，三菱汽车公司的欧蓝德插电式混合动力 SUV 首次亮相，在纯电动模式下的续航里程约为 60km。

3.2.2 韩国的国家政策和产业发展

2009 年，韩国企划财务部决定对混合动力汽车实行为期 3 年的减税优惠政策，并在 5 年内由政府直接投入 1 500 亿韩元以及调动 5 500 亿~7 200 亿韩元的民间资本，用于使韩国国产汽车的平均能效每年提高 5%。2015 年，韩国政府为了扩大环保节能汽车市场，决定每购买一辆中小型混合动力汽车补贴 100 万韩元，而电动汽车补贴最大限额将达 2 300 万韩元，并将给予电动汽车 420 万韩元的最大税收减免优惠。无论是国产还是进口、纯电动汽车还是混合动力汽车，韩国政府都根据每公里二氧化碳减排量进行补贴。另外，地方政府也根据自身财力状况实行单独补贴。韩国的"2030 新能源产业扩散战略"指出，争取到 2030 年韩国纯电动车的累计销量达到 100 万辆。现代汽车集团计划在 2020 年推出 26 款新能源乘用车，此举意在抢占新能源汽车市场的领先地位，争取在 2020 年达到仅次于丰田的行业第二水平（图 2.15）。

图 2.15 新能源汽车

3.3 欧洲新能源汽车政策和产业发展

在欧洲，人们更倾向于选择空间小、经济耐用的车型作为代步工具，更注重车辆的实用性，另外，全民环保意识也较强，所以新能源乘用车推广起来比较容易被人们接受。英国政府投资 3 亿英镑支持新能源汽车发展。2009 年，英国技术战略委员会与英国交通部资助 1 000 万英镑用于开发纯电动和混合动力汽车的电气系统。在车辆补贴方面，英国政府对购买新能汽车给予售价 25%的 5 000 英镑以内的补贴，还对纯电动车免车船税。2015 年，英国再次宣布投资 4 300 万英镑支持新能源车型，包括购车补贴和充电点建设；法国于 1995 年制定了电动汽车发展的优惠政策，对购买电动汽车的消费者提供最高 1.5 万法郎的补贴。2008 年 10 月，政府宣布投入 4 亿欧元用于研发和制造清洁能源汽车。荷兰政府计划投入 700 万~4 400 万欧元的补贴。并为电动汽车车主免除车辆购置税和公路税；德国提出从 2009 年到 2011 年，联邦政府为研发和推广电动汽车提供 5 亿欧元支持。同年 9 月，德国发布《国家电动汽车发展计划》，到 2020 年，拥有 100 万辆电动汽车上路，表明了新能源汽车使用的决心。此外柏林政府还对 2012—2014 年购买电动车的消费者实行每辆车 3 000~5 000 欧元的补贴或税收优惠。

3.3.1 德系车

创建于 1916 年的宝马公司，从 20 世纪 70 年代开始，就研发生产了众多型号的电动乘用车。早在 1972 年的慕尼黑奥运会上，宝马首款电动车型 1602e 被作为奥运官员用车及摄像用车；1975 年，宝马又带来了电动汽车 LS，该款车加装了电动机和能量回收系统；1987 年，又研发出了一款配备钠硫电池的电动汽车产品 325ix，轻量化设计和全新的电池组使这款车拥有 150km 的最大续航里程和 100km/h 的最高车速，基本达到人们对一台代步乘用车的使用要求；2014 年，宝马推出了首款量产纯电动汽车 i3，续航能力达到 160km，并且可以在半小时内充满 80%的电量。大众汽车公司于 1937 年 3 月 8 日成立，在当时是世界最大的，产量超过美国最大的福特汽车公司。大众也很重视新能源乘用车的开发，2014 年，高尔夫 GTE 插电混合动力汽车亮相日内瓦车展，该车在混合动力模式下综合油耗百公里 1.8L。随后，大众汽车旗下首款纯电动汽车 e-Golf 在美国发布。同年 11 月，另一款纯电动汽车 electric up 上市。奥迪早在 1989 年便推出了并联式混合动力概念车奥迪 duo。1997 年，奥迪首款量产的混合动力车型第三代 duo 问世，奥迪也因此成为欧洲唯一生产混合动力车型的厂家。2005 年，限量版混合动力车型 Q7 hybrid quattro 问世。2009 年，奥迪开始以 e-tron 命名了在整车高效战略下研发的电动车型。2011 年以后，全混合动力中型 SUV 奥迪 Q5、全新的奥迪旗舰产品 A8、小型环保车 A3 和最大续航里程达 130km 的 A6L 纯电动乘用车也相继问世并真正走入市场。

3.3.2 法系车

法系车中三大品牌雷诺、标致、雪铁龙。雷诺属于雷诺、日产联盟,标致和雪铁龙两个品牌隶属于一家公司PSA。雷诺ZOE车最早于2012年3月发布,是雷诺公司首款量产纯电动乘用车。这款车充满电后里程达到了210km,是当年市场上能买到的续航里程最长的纯电动汽车。雷诺ZOE的外观时尚前卫,同时,动感十足。作为一款经济型电动乘用车,ZOE的销量主要集中在欧洲市场,2018年,销量达到2.03万辆,成为当年全球第四大畅销的纯电动汽车,在法国本土市场则是最畅销的电动汽车。续航里程达到400km的ZOE Z.E40车型也在2016年正式发布,目前,已经在欧洲销售。标致雪铁龙集团目前也看准了新能源汽车市场,决定在2016—2021年启动"加速超越"计划,共计将推出26款乘用车,其中预计将包含7款插电式混合动力车型和4款纯电动车型,新能源车的比重接近一半。

拓展阅读

特斯拉电动汽车发展历史

特斯拉公司(Tesla Inc.)是美国一家产销电动车的公司,由马丁·艾伯哈德(Martin Eberhard)工程师于2003年7月1日成立,总部设在美国加州的硅谷地带。

特斯拉汽车公司以电气工程师和物理学家尼古拉·特斯拉命名,专门生产纯电动车,生产的几大车型包含Tesla Roadster、Tesla Model S、Tesla Model X。特斯拉汽车公司是世界上第一个采用锂离子电池的电动车公司,其推出的首部电动车为Roadster。从2008年至2012年,公司在31个国家销售超过2250辆Roadsters。公司在2010年开始为英国和爱尔兰市场生产右侧行驶的Roadster,并扩大销售至澳洲,日本,香港和新加坡以及中国大陆。2016年11月22日,公司已完成对太阳能公司Solar City的收购交易。

2017年2月1日,特斯拉汽车公司(Tesla Motors Inc.)宣布将该公司的注册名称中含有"汽车"意义的"Motors"一词去掉,改成Tesla Inc.。11月17日,特斯拉在美国正式发布了Roadster。2018年7月10日,特斯拉落户上海,上海市政府和美国特斯拉公司签署合作备忘录。11月,特斯拉董事会已任命独立董事罗宾·德霍姆(Robyn Denholm)出任董事长。

特斯拉最初的创业团队主要来自硅谷,用IT理念来造汽车,而不是以底特律为代表的传统汽车厂商思路。因此,特斯拉造电动车,常常被看作是一个硅谷小子大战底特律巨头的故事。

1990年代末,通用汽车研发出EV-1,并作为第一款量产电动汽车投放市场,这款车其貌不扬,续航里程140km,由于投入与产出比不高,在生产了2000多辆之后,通用汽车于2002年宣布放弃。此事让通用汽车背上了骂名,一部名为《谁杀死了电动汽车》的纪录片更是让此事广为流传。事后,参与EV-1项目的工程师艾尔·科科尼(Al Cocconi),在加州创建了一家电动汽车公司AC Propulsion,并生产出仅供一人使用的铅酸电池车T-Zero。

AC Propulsion公司的经营陷入困境时,一名来自硅谷的叫作马丁·艾伯哈德(Martin Eberhard)的工程师为之投资了15万美元。作为交换,他希望科科尼尝试用数千块笔记本电脑的锂电池作为T-Zero的动力。换用锂电池后,T-Zero行驶里程超过了480km。艾伯哈德劝说AC Propulsion公司为他造一辆这样的车,但科科尼无意成立汽车公司。艾伯哈德于是决定自己来。硅谷工程师、资深车迷、创业家马丁·艾伯哈德(Martin Eberhard)在寻找创业项目时发现,美国很多停放超级跑车的私家车道上经常还会出现一些丰田混合动力汽车普锐斯(Toyota Prius)的身影。他认为,这些人不是为了省油才买普锐斯,普锐斯只是这群人表达对环境问题不满和想要做出改变的愿望的方式。于是,他有了将跑车和新能源结合的想法,而客户群就是这群有环保意识的高收入人士和社会名流。

2003年7月1日,马丁·艾伯哈德与长期商业伙伴马克·塔彭宁(Marc Tarpenning)合伙成立特斯拉（TESLA）汽车公司，并将总部设在美国加州的硅谷地区。成立后，特斯拉开始寻找高效电动跑车所需投资和材料。由于 Martin Eberhard 毫无这方面的制造经验，最终找到 AC Propulsion 公司。在 AC Propulsion 公司 CEO 的引见下，埃隆·马斯克（Elon Musk）认识了 Martin Eberhard 的团队。

2003 年，T-Zero 换上锂电池后行驶里程就达到了 480km。特斯拉花了约 5 年时间的打磨，才把 Roadster 推上市。在这期间，主要时间和金钱花在了研发上。譬如：特斯拉电动车引以为傲的续航能力，来自由 7000 多颗电池组成的电池包，即使短路也不会着火，个别电池损坏不会影响其他——这套电池控制系统是特斯拉自己的，到目前为止还没有出过电池故障。而且，这一模式还能保证它随时可以用到最先进的电池来装备特斯拉电动汽车。

2004 年 2 月，埃隆·马斯克向特斯拉投资 630 万美元，但条件是出任公司董事长、拥有所有事务的最终决定权，而马丁·艾伯哈德作为特斯拉之父任公司的 CEO。

2004 年到 2006 年，虽然公司人数一路由 20 人增至 150 人。但首款车型 Tesla Roadster 的研发工作却遭遇了瓶颈。

2006 年，艾伯哈德在特斯拉官网一篇名为《态度》的开篇博客中写道——传统大型汽车企业制造出来的电动汽车，续航里程有限、性能平平、外形一般。"特斯拉汽车是为热爱驾驶的人们打造。我们不是为了最大限度降低使用成本，而是追求更好性能、更漂亮、更有吸引力"。

2007 年，危机集中爆发，而变速箱问题成为导火索。作为一辆堪比保时捷和法拉利的超级跑车，Tesla Roadster 对高性能加速的要求非常高，这时候，普通电动车不配备多级变速箱的情况俨然不能满足 Roadster 的需求，因为异步电机在低转速的情况下功率输出效率较低，所以引入二级变速箱顺理成章。但问题是，如何在高压高功率电控系统和变速箱协调之间做系统性研发，业界还没有先例。

2007 年，由 Ze'ev Drori 接任特斯拉的 CEO 职务，Ze'ev Drori 是 Monolithic 内存公司的创始人，在硅谷同样有相当高的知名度。

2008 年，新 CEO 上台之后解雇了几位关键人物，实际上包括创始人马丁·艾伯哈德以及其搭档 Marc Tarpenning 都先后相继离开了特斯拉，这其中主要原因可能是由于马丁·艾伯哈德在成本控制方面并没有让埃隆·马斯克满意。

2008 年 2 月，TESLA 开始交付第一辆 Roadster，最初的 7 辆车作为"创始人系列"提供给马斯科和其他出资人，这份名单里有谷歌拉里·佩奇（Larry Page）、谢尔盖·布林（Sergey Brin），ebay 杰夫·斯科尔（Jeff Skoll）等，当然也包括已离开公司的艾伯哈德。

2008 年 10 月，第一批 Tesla Roadster 下线并开始交付。但是，原计划售价十万的 Roadster 实际成本却高达 12 万，和既定的 7 万成本相距甚远，Musk 不得不将售价提升至 11 万。这一举动引来预定客户的极大不满，在洛杉矶举行的客户见面会上，愤怒的购买者差点把 Musk 围攻晕倒。不过，即使将售价提高 1 万，Tesla 依旧面临赔钱卖车的窘境。随后，Tesla 用了 8 周时间，将一辆 Smart 改装成电动车，改装项目包括底盘、电池、电机和电控系统。Musk 用先进的技术打动了戴姆勒，后者最终投资 5 000 万美元收购 Tesla 10% 的股份，两家公司也进入更紧密的战略合作阶段。不久后，Tesla 又与丰田签订合作协议，为丰田提供电池组以及电动发动机。为了维持现金流，Musk 又拿出了自己仅存的 6 000 万美元，用于生产和工程的流动资金。

2009 年，奥巴马和朱棣文参观 Tesla 工厂，Tesla 也成功获得美国能源部 4.65 亿美元的低息贷款。

2010 年 6 月，特斯拉登陆纳斯达克，IPO 发行价 17.00 美元，净募集资金 1.84 亿美元，融资额达 2.26 亿美元。开盘当日，埃隆·马斯克也在账面上力挽狂澜地赚了 6 亿 3 千万美元，特斯拉成为目前唯一一家在美国上市的纯电动汽车独立制造商。

2010 年 7 月，该公司挖来了苹果的零售店副总裁乔治·布兰肯西普（George Blankenship）来负责它的零售战略，他将在该电动汽车公司出任汽车程序副总裁，帮助推动新汽车的开发。

2012年6月22日，美国加州Fremont的特斯拉工厂，公司生产的全新电动车系列"Model S"首辆电动跑车正式交付。

2012年10月，特斯拉汽车公司获得加州能源委员会（California Energy Commission）一项价值1 000万美元的专款资金，用以生产特斯拉Model X SUV，并进一步扩建其弗里蒙特（Fremont）工厂。

2013年5月初，特斯拉宣布其2013年第一季度首次盈利后，一时成为全球瞩目的焦点。近一个月内，它的股价涨了约80%，正在向100美元冲刺，市值突破100亿美元。

2013年5月9日，马斯克在个人博客中写道，"只想对客户和投资人说声谢谢，你们给了特斯拉一个穿越漫漫长夜的机会，没有你们我们走不到今天。"

2013年6月8日，电动汽车制造商特斯拉高开高走，收盘涨4.82%，报收102.04美元；重回100美元上方。公司市值约118亿美元。

2014年2月19日下午，特斯拉汽车发布了2013年的致股东邮件。邮件显示，第四季度，特斯拉取得了创纪录的汽车销量，而年营收超过20亿美元。与此同时，特斯拉还希望降低电动汽车的成本。

2015年3月13日，特斯拉宣布，由于2014年未完成销售目标，因此将重组各地区销售团队，在任命了各地区业务新高管后，将再任命新的全球销售主管。

美国时间2015年12月7日，特斯拉公开招聘1656个职位。在这些职位当中，包括一名拥有1~3年汽车雷达系统工作经验的雷达工程师；一名在墨西哥城建立服务操作的经理；上海、成都、阿姆斯特丹、米兰等城市的产品专家等。

2015年12月，著名管理咨询公司波士顿咨询公司（BCG）公布的《全球最具创新力企业报告》中，苹果、谷歌、特斯拉位列前三。

2015年12月，特斯拉汽车公司在2016美国拉斯维加斯国际消费类电子产品展览会（CES）之前宣布，2015年特斯拉汽车公司全球交货量超过5 0000辆。

2016年2月2日上午，特斯拉公司在公布旗下Model X的国内售价，标准版90D价格区间为96.1万元到117.18万元，同时，特斯拉还将在中国市场推出Signature Red限量版P90D车型，售价147.95万元。

2016年3月31日，特斯拉宣布Model 3发布。

2016年2月，特斯拉公司与玩具厂商Radio Flyer合作推出了一款儿童版的"Model S"型"轿车"。

2016年5月19日，加州电动车厂商特斯拉公司宣布，将对外发售价值20亿美元的股票。该公司表示，将会发行价值14亿美元的新股，另外特斯拉首席执行官马斯克也会转让自己持有的部分股票，总的股票发售规模价值20亿美元。另外，马斯克转让股票的原因是最近执行550万股股票期权，面临一定的缴税负担。

2016年7月20日，特斯拉的官方网站域名已经从teslamotors.com更改为tesla.com。

2016年8月1日，特斯拉正式宣布，同意和太阳能面板制造商Solar City以全股票交易的方式合并。11月22日，特斯拉汽车宣布，公司已完成对太阳能公司Solar City的收购交易。

2017年2月1日，特斯拉汽车公司（Tesla Motors Inc）正式宣布将该公司的注册名称中含有"汽车"意义的"Motors"一词去掉，改成Tesla Inc.。

2017年4月13日，美国电动车制造商特斯拉首席执行官伊隆·马斯克（Elon Musk）表示，特斯拉预计将在今年9月对外展示计划中的商用卡车。马斯克在2016年宣布特斯拉将推出包括Semi电动卡车、电动公交车、电动皮卡，以及一款紧凑型SUV等新车型。

2017年10月22日，特斯拉重申在与上海市政府洽谈建厂事宜，预计年底前就建厂计划达成协议，但没有就有关双方已经达成协议的媒体报道发表评论。

2017年11月17日，特斯拉在美国正式发布了Roadster。这款电动车预计在2020年上市销售，特斯拉的首款电动卡车Semi暂时没有在中国开放预定。

2018年7月10日,特斯拉落户上海,上海市政府和美国特斯拉公司签署合作备忘录。

2018年8月25日,特斯拉董事长兼CEO埃隆·马斯克在公司官网发布公告,宣布特斯拉私有化计划终止,公司将维持现状。

2018年10月17日,特斯拉中国官方发布消息称,已与上海市规划与国土资源管理局正式签订《土地出让合同》,特斯拉上海超级工厂正式落户上海临港地区。

2018年11月,特斯拉董事会已任命独立董事罗宾·德霍姆(Robyn Denholm)出任董事长。

2019年1月7日,上海最大的外资制造业项目——特斯拉超级工厂正式开工建设。

任务4 新能源汽车企业概览

思政教育

正确认识和评价新能源汽车企业,支持和关注新能源汽车企业的技术创新和研发投入,支持和倡导具有社会责任感的新能源汽车企业,关注企业的品牌价值和市场地位,理解品牌对企业发展的重要性,支持具有良好品牌形象的新能源汽车民族企业。

任务导言

21世纪以来,我国汽车产销量爆发式增长,成了我国汽车行业不断向前发展的一股强大推动力。在2009年,中国超越日本,汽车产量和销量均首次问鼎全球汽车市场。但是汽车产销量第一的背后,却是中国乘用车市场的大部分份额由国外汽车品牌长期占据,中国自主汽车品牌发展的空间不断受到挤压,只能在外资汽车少有涉及的低端市场中艰难生存。随着我国自主汽车品牌的不断发展,中国汽车市场的竞争日益激烈,中国自主汽车品牌也开始尝试不断进入国际市场,比亚迪、蔚来、小鹏、长安、广汽、北汽等企业就是其中的杰出代表。

任务学习知识要求

了解新能源汽车企业。

任务学习技能要求

会搜集新能源汽车企业信息。

任务学习重点、难点

1. 重点:新能源汽车企业;
2. 难点:新能源汽车企业。

任务学习所需设备、器材

电脑、多媒体。

任务学习

4.1 比亚迪

1995年，比亚迪创立于深圳，最初主要从事于电子产品和电池的生产。2003年，比亚迪通过收购秦川汽车成功进入汽车经营领域。目前，比亚迪汽车在我国本土有9个生产基地，分别分布在北京，广东，陕西和上海等地区，并且在海外市场如欧洲，美国，日本，韩国，巴西等国家和地区也正投资建厂或设立分公司。近些年来，凭借着先进的电池技术、强大的整车研发能力及完善的产业垂直整合能力，比亚迪一直走在全球新能源汽车产业的最前端。迄今，在全球汽车市场中，比亚迪已然成为中国新能源汽车的杰出代表（图2.16），

图 2.16　比亚迪 e6 纯电动汽车

当有些车企计划发展新能源汽车时，比亚迪品牌的新能源汽车早已成功在路上跑了数年；当有些车企生产的新能源汽车刚刚投放到市场的时候，比亚迪新能源汽车已经走出国门，在欧洲、美国、日本、韩国等发达国家和地区汽车市场落地生根。

近几年，得力于新能源汽车的强势崛起，2015年，基本做到了与传统燃油汽车业务平分秋色，2016年，更是大幅超过传统燃油车，已经成为比亚迪汽车的中流砥柱。在2016年，比亚迪传统燃油车销量为39.4万辆，同比增长2.01%，与国内老牌车企相比尚且存在不小差距，更无法与日产、宝马等国际巨头相提并论，新能源汽车销量为100 183辆，相比2015年的61 722辆大幅增长62.31%，是全球唯一年销量超10万辆的车企，拉大了与美国特斯拉的差距，稳居全球第一，并且占据了中国新能源汽车市场30%的份额及全球新能源汽车市场13%的份额，以K9为代表的纯电动大巴及以"秦""唐"等为代表的插电式混动车型在国内外汽车市场的迅猛发展成了带动企业营业收入和利润持续增长的重要支撑。

4.2 蔚来汽车

蔚来是一家全球化的智能电动汽车公司，于2014年11月成立。蔚来致力于通过提供高性能的智能电动汽车与极致用户体验，为用户创造愉悦的生活方式。经过六年多的发展，蔚来已成为全球领先的高端智能电动汽车企业之一，并于2018年9月12日在美国纽交所（"NYSE"）上市。蔚来专注于核心技术的正向研发，目前已获得授权专利及已公开专利申请4000多件，同时建立了一套完整的包括电机、电控、电池包、智能网关、智能座舱、自动驾驶技术的独立研发体系。蔚来在上海、合肥、北京、圣何塞、慕尼黑以及牛津等地设立了研发与生产机构，并建设了完备的销售服务体系，覆盖全国超300个城市的用户。

图 2.17　蔚来 es7 纯电动车

蔚来已推出三款高性能智能电动车型，分别是智能电动旗舰SUV ES8、智能电动全能SUV ES6和智能电动轿跑SUV EC6。2021年1月9日，具备自动驾驶能力的智能电动旗舰轿车ET7正式上市，并将于

2022年一季度开启交付。截至 2021 年 3 月 31 日，蔚来已累计向用户交付 95701 台智能电动汽车。在提供领先的智能电动技术体验之外，蔚来还建立了完整的创新服务模式，包括蔚来能源 NIO Power、蔚来服务 NIO Service、蔚来电池租用服务 BaaS、电池灵活升级和蔚来官方二手车 NIO Certified，实现了蔚来产品全生命周期的服务闭环。蔚来采用直销模式，以 NIO App 作为用户体验和服务的统一接口，通过蔚来中心 NIO House、蔚来空间 NIO Space、蔚来用户专属电台 NIO Radio、蔚来原创生活方式品牌 NIO Life 等线上线下触点，创造一个以车为起点，分享欢乐、共同成长的用户社区。

4.3 小鹏汽车

小鹏汽车团队成立于 2014 年，专注于针对一线城市年轻人的互联网电动汽车的研发，第一款量产车的目标是一辆时尚、跨界的电动 SUV。小鹏汽车希望与时下繁荣的共享用车平台合作，推出长租服务，出售使用权而非所有权；由于车辆的模块化设计，使得用户有更多的功能要求或更高的性能要求时，可以方便地进行软硬件替换升级，也为后端盈利提供了更大空间；此外，小鹏汽车已经搭建了一个由电动车发烧友组织的粉丝圈，在开发过程中组织线下活动，倾听客户的意见，并且将改善成果体现

图 2.18　小鹏 P7 纯电动汽车

在下一个迭代版本中。自成立以来的短短六年时间内，小鹏汽车已经成为中国领先的智能电动汽车公司之一，以领先的软件、数据及硬件技术为核心，为自动驾驶、智能互连和核心汽车系统带来创新。与传统的汽车制造商（或整车厂）以及部分纯电动汽车初创公司（通常依赖第三方供应商的软件解决方案）相比，公司的创新速度以及独有的实力使公司的汽车软件能够适应中国消费者不断变化的需求和中国特定的道路状况，这是公司的核心竞争优势。小鹏汽车的智能电动汽车吸引了中国越来越多热衷科技的中产阶级消费者。公司主要瞄准中国乘用车市场中价格介于人民币 150 000 元至人民币 300 000 元的中高端市场。根据 IHS Markit 的数据，小鹏汽车是 2020 年中国中高端电动汽车市场销量排名前五的畅销品牌之一。消费者选择公司的产品主要是因为具吸引力的设计、交互式智能出行体验、长续航里程和先进的技术。

4.4 理想汽车

理想汽车是我国新能源汽车制造商，设计、研发、制造和销售豪华智能电动汽车，于 2015 年 7 月创立，总部位于北京，自有生产基地位于江苏常州，通过产品创新及技术研发，为家庭用户提供安全及便捷的产品及服务。

在我国，理想汽车是成功实现增程式电动汽车商业化的先锋，首款及目前唯一一款商业化的增程式电动汽车车型-理想 ONE 是一款六座中大型豪华电动 SUV（运动型多用途汽车），配备了增程系统及先进的智能汽车解决方案，于 2019 年 11 月开始量产，并于 2021 年 5 月 25 日推出 2021 款理想 ONE。2022 年 6 月，理想汽车交付 13 024 辆理想 ONE，同比 2021 年 6 月增长 68.9%。第二季度累计交付 28 687 辆，同比 2021 年第二季度增长 63.2%。自交付以来，理想 ONE 累计交付量已达 184 491 辆。

理想汽车于 2022 年推出 X 平台的首款产品——全尺寸豪华增程式电动 SUV，并于 2023 年在 X 平台上推出另外两款 SUV。未来还将推出两个高压纯电车型平台——Whale 及 Shark，并自 2023 年起，每年推出两款新的高压纯电车型。理想汽车正在研发 400kW 超快充技术，在 2023 年推出纯电车型之前，

搭建必要的超快充基础设施，满足用户在高速、一些密集区快速补能需求。

图 2.19　理想 L9 增程式电动车

4.5　宇通客车

图 2.20　宇通电动客车

宇通客车作为世界最大的客车制造商，推出了多款节能与新能源客车，21 款产品取得国家公告，其中包括 16 款混合动力城市客车车型和 5 款纯电动客车车型（图 2.20）。目前，200 余台电动客车在郑州、杭州等示范城市运行，累计里程超过 1 000 万公里。在新能源客车方面，宇通客车规划了 2 个方向：纯电动和插电式混合动力客车。宇通客车近期的发展目标是：2012 年，推出从 10m 到 18m 混合动力城市客车和 7m 到 14m 纯电动城市客车，达到 5 000 辆中高档客车产能，形成以大中型客车为主，实现销售目标超过 180 亿元，国内大中型客车市场综合占有率达到四分之一以上，国内外总销量占世界市场份额 10%以上。届时，宇通客车将进入世界知名客车品牌前列。插电式混合动力城市客车预计到 2013 年将进行规模化推广。2015 年，实现市场节能与新能源客车产品的全覆盖。不仅如此，作为替代燃料的 LNG、LPG、CNG、生物柴油、醇类、醚类等节能客车也在宇通的深入研究之列。

4.6　北京汽车

北京新能源汽车股份有限公司成立于 2009 年，是世界 500 强企业北汽集团旗下的新能源公司，是国内纯电动乘用车产业规模最大、产业链最完整、市场销量最大、用户覆盖面最广、品牌影响力最大的企业。公司现已形成立足我国、辐射全球的产业布局，是国内首个获得新能源汽车生产资质、首家

图 2.21　北汽新能源 EX200

项目 2　新能源汽车发展历程

进行混合所有制改造、首批践行国有控股企业员工持股的新能源汽车企业，成了制造型企业转型升级与国有企业改革创新的典范。北汽新能源自2009年成立以来即定下了"技术为核心"的发展路线，专注耕耘纯电动汽车领域，凭借掌握的新能源核心技术，已经推出EH、EU、EX、EV、EC五大系列车型10余款纯电动乘用车（图2.21），成为中国新能源市场上产品谱系最长的新能源车企。2013—2016年，北汽新能源连续四年蝉联中国纯电动汽车市场销量冠军。北汽新能源累计市场保有量已近10万辆，居全国第一，即将成为国内首家进入"10万俱乐部"的新能源车企。

拓展阅读

比亚迪汽车发展历史

比亚迪自1995年成立以来，便凭借着低廉的价格和优秀的平直赢得了台湾最大的无绳电话制造商大霸的订单，随后经过有计划的发展，到1997年，比亚迪迅速成长为一个年销量近一亿元的中型企业，2002年，比亚迪在香港正式上市，同时凭借着优势明显的锂电池产品赢得了诺基亚手机电池的订单，优异的电池制造技术为比亚迪奠定了往后"刀片电池"在新能源汽车领域中的重要地位。这时候，比亚迪用敏锐的"嗅觉"察觉到了新能源汽车的大趋势，于是在2002年7月比亚迪正式进军汽车行业，并全资收购了北京吉普的吉驰模具厂，开始了自己从"零"到"壹"的造车之路。在调研市场、重新技术规划后，仅过了一年，国内汽车领域便迎来了一个"变局"它就是比亚迪，同时比亚迪收购了秦川汽车，成为国内继吉利之后第二家民营轿车生产企业。

2005年，比亚迪F3诞生了，作为比亚迪旗下第一款车型，比亚迪F3在上市之初便凭借着时尚大气的外观、宽敞的空间、丰富的配置以及亲民的价格，在市场中获得了消费者的喜欢。良好的市场反馈给予了比亚迪足够的信心，更证明了比亚迪向汽车领域迈出的第一步是没有错的。一直到2006年，比亚迪F3的销量节节攀升，并且超过了当时市场中的各类汽车品牌。在依靠于比亚迪F3在市场中积累的口碑和销量，同年，比亚迪首款搭载了磷酸铁锂电池的F3e电动车研发成功了，但是国家的政策和充电设施的欠缺，让比亚迪F3e只能放弃上市，这也算是当时的一个遗憾了。但这次的挫败，并没有打消比亚迪要研究新能源汽车决心，同时，比亚迪也意识到未来新能源汽车领域的发展趋势，于是比亚迪开始投入到第一代混动技术以及S6DM的研究项目。为以后比亚迪的"王朝"奠定了基础。

2007年，随着比亚迪F3的销量日益增高，比亚迪"趁热打铁"，推出了自己旗下第二款车型比亚迪F6，仅仅过了一年，在国家政策的完善和自身混动技术以及S6DM研究项目的双重突破下，2008年，比亚迪推出了全球首款量产的插电式混合动力车型，开启了自己的"王朝时代"，旗下秦、宋、唐等众多新能源车型，在市场中获得了消费者极大的认可，王朝系列车型的诞生，让比亚迪在2015—2017年间连续三年斩获全球新能源乘用车年度销量的冠军，比亚迪"龙头企业"的品牌形象渐渐有了雏形。

2020年6月20日，比亚迪发布了最新的旗舰级新能源车型——比亚迪汉，新车上市后便凭借着其精致的外观和富有科技感的内饰，在市场中获得众多消费者的关注，同时，在年底，备受关注的比亚迪DM-i混动系统正式亮相。2021年4月7日，比亚迪一口气发布了2021款唐EV、秦PLUSEV、宋PLUSEV、2021款e2等四款车型，同时宣布了旗下未来全系纯电动车将搭载比亚迪的最新技术刀片电池的消息，这一举动引起新能源汽车领域的震动，尤其是刀片电池的出现，对于新能源汽车行业来说，属于一项变革。混动系统和刀片电池的面试，彻底奠定了比亚迪是自主品牌"龙头企业"的身份。

比亚迪的成功，象征着新能源汽车行业确实是未来的一大趋势，同时也与其先进的电池制造技术和精致的外观设计分不开。如今，比亚迪以宣布彻底停产燃油车型，专攻于新能源汽车领域，旗下王朝系列的车型在经过换代改款后，依然在市场中绽放属于它们自己的辉煌，同时比亚迪也将继续努力，不断打造更优质的产品，让用户在新能源汽车市场中有更多的选择。

项目 3 纯电动汽车结构原理

项目导言

电动汽车是新能源汽车替代传统能源汽车最重要的选项，是未来汽车发展的新趋势。本项目以新能源汽车标准体系内容为准绳、以《新能源汽车产业发展规划（2021—2035 年）》《国家车联网产业标准体系建设指南（智能网联汽车）》等文件精神为指导，梳理出纯电动汽车认识、纯电动汽车构造、纯电动汽车工作原理共三个学习任务。通过本项目的学习，能够掌握纯电动汽车特点、纯电动汽车结构和工作原理，能够学会诊断纯电动汽车简单的故障。

项目目的

通过对纯电动汽车认识、纯电动汽车构造、纯电动汽车工作原理 3 个任务的学习，认识纯电动汽车，了解其特点及分类，熟悉纯电动汽车结构、工作原理及诊断方法等方面的知识。通过操作练习，掌握诊断流程和方法，养成良好的工作习惯和工作态度。

任务 1 认识纯电动汽车

思政教育

减少对传统能源的依赖，推动环境保护和可持续发展，新能源汽车的推广和使用是节能减排的重要环节，同时也是汽车智能化的必由路径。全面地了解纯电动汽车的结构原理和优势，提升人们对纯电动汽车的认知，是新能源汽车专业学生的社会责任和使命。

任务导言

汽车在全球保有量的不断增加使人类生活面临能源短缺、全球变暖、空气质量水平下降等诸多挑战，因此，汽车工程师在不断努力研究降低油耗的方法，同时，寻求各种代用燃料以及开发不用或少用汽油的新型车辆；越来越多的人士已经认识到各种类型电动汽车和燃料电池汽车是实现清洁汽车的解决方案，全世界的汽车业界也为此努力并投入了巨大的资金和人力。

在当前全球汽车工业面临金融危机和能源环境问题的巨大挑战的情况下，发展电动汽车，实现汽车能源动力系统的电气化，推动传统汽车产业的战略转型，在国际上已经形成了广泛共识。电动汽车是集机械、电子、电机、智能控制、化学能源、计算机、新材料等科学领域和工程技术中最新成果于一体，是多种高新技术凝聚的成果。

通过本任务的学习，能够了解什么是纯电动汽车，知道几款典型的纯电动车；掌握纯电动车的分类；能够掌握纯电动车的性能指标。

任务学习知识要求

1. 理解纯电动汽车的含义；
2. 能列举出典型的几款纯电动车；
3. 掌握纯电动汽车的分类及性能指标。

任务学习技能要求

1. 能够判断纯电动汽车的类型；
2. 能够简单分析评价纯电动汽车的性能。

任务学习重点、难点

1. 重点：纯电动汽车的定义；
2. 难点：根据纯电动汽车参数分析其性能。

任务学习所需设备、器材

1. 绝缘手套、绝缘鞋、绝缘垫、护目镜；
2. 防护栏；
3. 新能源汽车。

任务学习

1.1 纯电动汽车认识

1.1.1 纯电动汽车定义

纯电动汽车，顾名思义，可以解释为只用电池储存能量，电力驱动电机带动车辆行驶的汽车。车载电源一般为二次电池（如铅酸电池、镍镉电池、镍氢电池或锂离子电池等）。大的角度讲，纯电动汽车可以摆脱汽车对石油单一能源的依赖，降低排放污染和改善空气质量。从小的角度讲，纯电动车较之普通燃油车最大的优势就是使用成本大幅降低，以现有的车型技术测算，电动车的行驶成本节约率超过80%。

> 获得的信息：什么是纯电动汽车？
> _____

1.1.2 纯电动车分类

纯电动汽车从出现到今天种类较多，具体有以下几种分类方式。

按照用途不同，纯电动汽车可分为电动轿车、电动货车和电动客车三种。

（1）电动轿车，是目前常见的纯电动车。除了一些概念车，纯电动轿车大部分都已投入生产并进入市场。

(2)电动货车,用作公路运输的电动货车目前比较少,而在矿山、工地及一些特殊场地,则早已出现了一些大吨位的纯电动载货汽车。

(3)电动客车,目前,纯电动小型客车较少见,纯电动大客车多作为公共交通中的公交车来使用,有时在大型会展上也可看到。

按照纯电动汽车续航里程来分可以分为城市电动汽车和全电动汽车。

(1)城市电动汽车,车速和续航里程都比较低,适合跑市区不适合跑高速。

(2)全电动汽车,装有足够容量的动力电池,车速和续航里程基本可以满足较远距离的行驶要求。

按照驱动方式分,纯电动汽车有后轮驱动、前轮驱动和四轮驱动。后轮驱动方式有利于车轴负荷分配均匀,汽车操纵稳定性、行驶平顺性较好,是传统的布置方式,也是目前纯电动汽车广泛采用的驱动形式。后轮驱动方式主要有传统后驱动布置形式、电机-驱动桥组合后驱动布置形式、电机-变速器一体化后驱动布置形式、轮边电机后驱动布置形式、轮毂电机后驱动布置形式等。

(1)传统后驱动布置。传统后驱动布置如图3.1所示,它与传统内燃机汽车后轮驱动系统的布置方式基本一致,带有离合器、变速器和传动轴,驱动桥与内燃机汽车驱动桥一样,只是将发动机换成电机。

变速器通常有2~3个档位,可以提高电动汽车的启动转矩,增加低速时电动汽车的后备功率。这种布置形式一般用于改造型电动汽车。

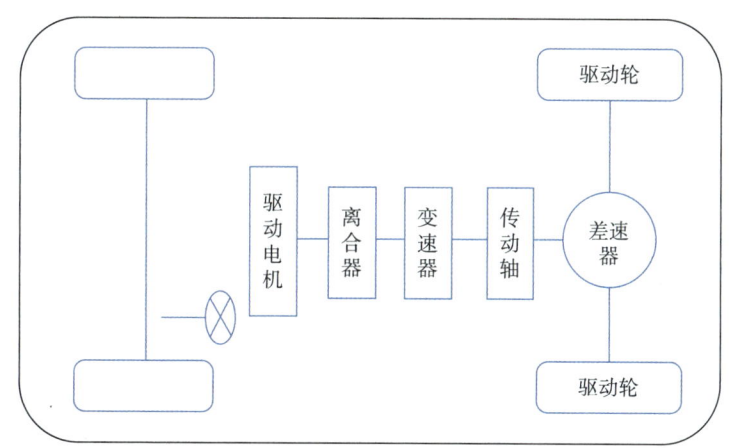

图 3.1　传统后驱动布置图

(2)电机—驱动桥组合后驱动布置。电机—驱动桥组合后驱动布置形式如图3.2所示。它取消了离合器、变速器和传动轴,但具有减速差速机构,把驱动电机、固定速比的减速器和差速器集成为一个整体,通过2个半轴来驱动车轮。

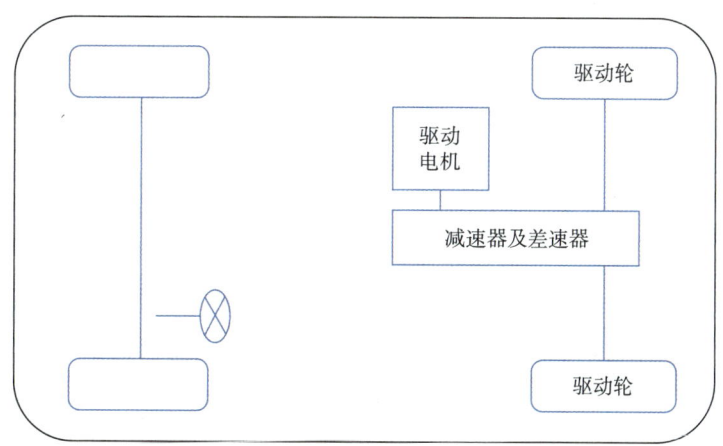

图 3.2　电机-驱动桥组合后驱动布置图

此种布置形式的整个传动长度比较短，传动装置体积小，占用空间小，容易布置，可以进一步降低整车的重量；但对电机的要求较高，不仅要求电机具有较高的启动转矩，而且要求具有较大的后备功率，以保证电动汽车的启动、爬坡、加速超车等动力性。一般低速电动汽车采用这种布置形式。

（3）电机-变速器一体化后驱动布置。电机-变速器一体化后驱动布置形式如图3.3所示，相比单一的电机驱动系统，一体化驱动系统可以综合协调控制电机和变速器，最大限度地改善电机输出动力特性，增大电机转矩输出范围，在提升电动汽车的动力性的同时，使电机最大限度地工作在高效经济区域内。变速器一般采用2档自动变速器。

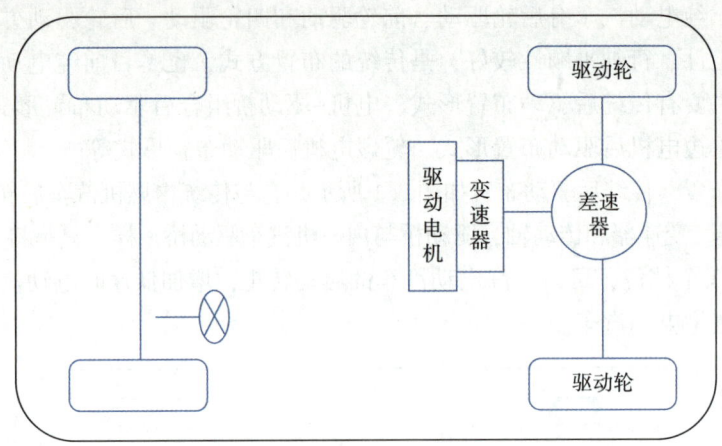

图3.3　电机-变速器一体化后驱动布置图

（4）轮边电机后驱动布置。轮边电机后驱动布置形式如图3.4所示，轮边电机与减速器集成后融入驱动桥上，采用刚性连接，减少高压电器数量和动力传输线路长度；优化后的驱动系统可降低车身高度、提高承载量、提升有效空间。

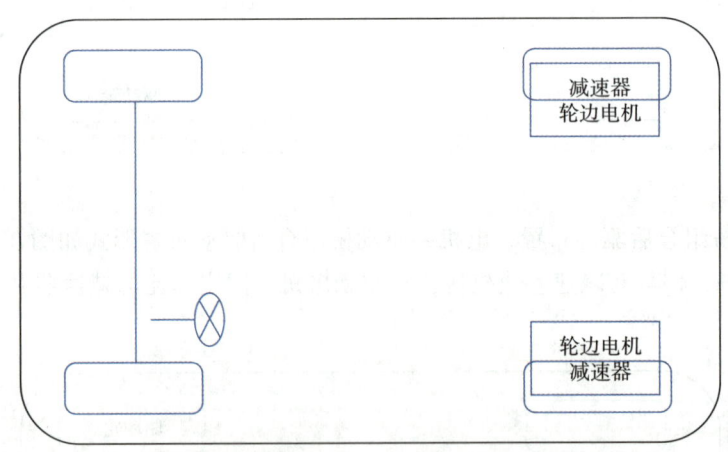

图3.4　轮边电机后驱动布置图

（5）轮毂电机后驱动布置。轮毂电机后驱动布置形式如图3.5所示，轮毂电机直接安装在车轮上，此时，轮毂是电机的转子，羊角轴承座是定子。它大大减少了零部件数量和动力系统的体积，让车辆的动力系统变得更加简单，大大提高了车内空间的实用性和利用率。

每个车轮独立的轮毂电机相比一般电动汽车，也省掉了传动半轴和差速器等装置，同样节省了大量空间且传动效率更高。将动力蓄电池放置在传统的发动机舱中，而将辅助蓄电池、电机控制器、充电机等布置在车尾附近，根据实际需要，可以在车辆上灵活地布置电池组。

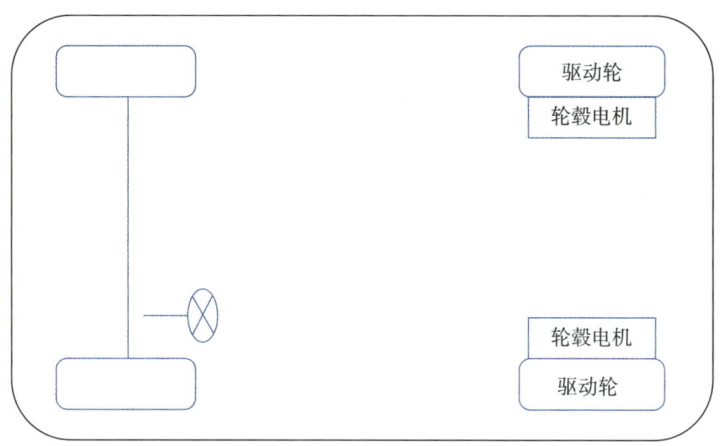

图 3.5　轮毂电机后驱动布置图

获得的信息：纯电动汽车有哪几种分类方式？每种分类方式下有哪几种形式？

_____
_____
_____
_____

1.1.3　典型纯电动车介绍

比亚迪前格栅用了大面积镀铬材质，并且加入了蓝色装饰条，显得更加时尚有科技范儿；内饰方面，整体配色以黑色为主，中控面板和方向盘加入了银色饰板；配置方面，配备了胎压监测、电子稳定系统、上坡辅助、牵引力控制、电动天窗等诸多实用性配置；动力方面，e5 所搭载的电动机最大功率为 218PS（160kW），峰值扭矩 310N·m，最高速度为 130km/h，工信部续航里程为 256km，官方公布的续航里程为 305km，以 60km/h 的速度匀速行驶续航里程为 360km。

比亚迪 e5（图 3.6）采用了模拟控制的电子换档杆，熄火或"怠速"时，电子换档刚处于默认的位置，等待红灯可以放入空档，熄火或较长等待时间时可挂入驻车档。e5 的这种换档杆设计比较符合传统车辆驾驶模式，并在操作中加入了一定回馈力，便于出租司机尽快熟悉并掌握驾驶节奏。

图 3.6　比亚迪 e5 图

帝豪EV500外观采用封闭式的前格栅，是吉利家族式的回字形设计，并在其中辅以点阵装饰以避免单调，灯组的造型比较普通，条状的LED日间行车灯提升了整车的颜值，车侧线条同样采用了前低后高的设计，营造出了向前俯冲的视觉效果，尾部的造型设计同样以动感为主，行李厢盖上的扰流板、底部的扩散器造型饰板、金属饰条勾勒出的双出排气装饰，都提升了该车的运动感；内饰方面，仪表台上的拱桥式造型同样源自吉利的家族化设计。银色饰条、触摸式中控屏的加入营造了精致富有科技感的氛围，多功能方向盘由为三辐，造型也更加运动。中控屏采用了8in的触摸大屏，车载系统界面美观，功能也很丰富，同时，这套系统还具有语音控制功能，并能方便地与手机实现互联；动力方面，吉利帝豪EV500配备的是一台永磁同步电机，其最大功率为163PS，峰值扭矩为250N·m，电池容量方面，提供了51.9kW·h和61.9kW·h两个版本，其中NEDC巡航范围分别达到了400km和500km。

吉利帝豪EV500（图3.7）配备了目前电动车领域最让人新颖的功能：放电功能，其通过放电接口，可输出220V低压电源，可以为野外小型供电设备提供较长的工作时间，这点对于很多年轻车主来说，是非常惊喜实用的一个功能。

图3.7 帝豪EV500图

比较著名的美国特斯拉（Tesla）电动轿车已经达到了高端的轿跑水平（图3.8）。它省去了油箱、变速器、传动轴等一些传统车上的配件，这让车变得更简洁，几乎只分车身和底盘两大部件。Tesla与国内纯电动汽车最大的不同就是把电机做到了轮毂上，而整个底盘就是电池包组成。省去的部件可以做到轻量化，剩下来的空间可以把动力电池做到最大化。

图3.8 特斯拉电动跑车

思考：选择一款你中意的电动汽车，对其性能、价格、外观等方面进行介绍。

1.2 纯电动汽车行驶性能

1.2.1 续驶里程

电动汽车动力电池组充满一次电后的最大行驶里程称为电动汽车的续驶里程。不同的电动汽车在不同的行驶工况下单位行驶里程的能量消耗与续驶里程有显著差别，难以用统一的计算公式进行求解。需要通过测试得到续驶里程参数。续驶里程的测试分为工况法和等速法。

1. 工况法

NEDC 工况法是欧洲的续航里程测试标准，在我国，工信部在对纯电动车的综合里程进行测试的时候，采用的就是 NEDC 测试标准。这一标准，主要在欧洲、中国、澳大利亚使用，NEDC 循环工况中，包含 4 个市区循环和 1 个郊区循环（模拟），其中市区循环的车速较低，郊区循环的车速则较高一些。NEDC 工况法是按图 3.9 所示规定的试验循环工况进行的。试验时，将车辆加载到规定的试验质量，在工况试验循环结束时，记录试验车辆行驶过的距离（km），该距离即为工况法测量的续驶里程。

电动汽车的试验质量是指电动汽车整车整备质量与试验所需附加质量之和。

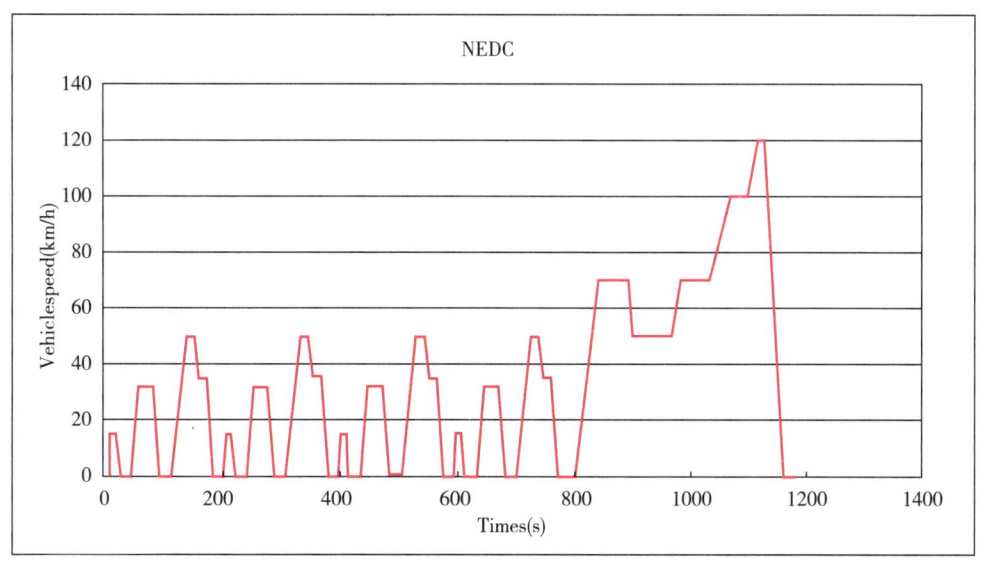

图 3.9 NEDC 工况法

2. 等速法

等速法测试续驶里程是在道路上进行的，让车辆以（60+2）km/h 或（40+2）km/h 的速度等速行驶，当蓄电池达到一定放电深度时，车辆驶过的距离（km）为速法测量的续驶里程。

电动汽车经过规定的试验循环后对动力蓄电池重新充电至试验前的容量，用从电网上得的电能除以续驶里程所得的值（单位为 Wh/km）称为能量消耗率。

1.2.2 动力性指标

1. 最高车速

汽车的最高车速是指汽车在无风的条件下，在水平良好的硬路面上所能达到的最高车速。纯电动汽车的最高车速分为 1km 最高车速和 30min 最高车速。1km 最高车速通常简称为最高车速，是指纯电动汽车能够往返各持续行驶 1km 以上距离的最高平均车速。30min 最高车速是指纯电动汽车能够持续行驶 30min 以上的最高平均车速。在测试纯电动汽车最高车速时，要将试验车辆加载到试验质量。

2. 最大加速能力

汽车的加速能力用汽车原地起步的加速能力和超车加速能力来表示。通常将汽车加速过程中所经过的加速时间或加速距离作为评价汽车加速能力的指标。纯电动汽车的加速能力用从速度 U_1 加速到速度 U_2 所需的最短时间（单位为 s）来评价。

3. 爬坡能力

汽车的爬坡能力是指汽车在良好的道路上以最低行驶速度上坡行驶的最大坡度。纯电动汽车的爬坡能力用坡道起步能力和爬坡车速来评价。坡道起步能力是指纯电动汽车加载到最大设计总质量时在坡道上能够起动且 1min 内向上行驶至少 10m 的最大坡度。

4. 爬坡车速

是指加载到最大设计总质量后，纯电动汽车在给定坡度（4%和12%）的坡道上能够持续行驶 1km 以上的最高平均车速。

获得的信息：电动汽车动力性指标有哪些？

任务 2　纯电动汽车构造

导学视频

📖 思政教育

认识到纯电动汽车对改善空气质量、减少环境污染和应对气候变化的积极作用，激发环境保护意识。通过更加深入地了解和认识纯电动汽车的重要性和优势，形成正确的认识和态度，从而积极支持和参与纯电动汽车的推广和发展。

任务导言

纯电动汽车与传统燃油汽车在结构上有很大的不同,学习纯电动汽车,首先要熟悉它的构造,这是开展后续维修保养工作的理论基础。任务将从电力驱动子系统、主能源子系统和辅助控制系统三个子系统进行介绍、分析。

任务学习知识要求

1. 知道纯电动汽车的基本结构（三个子系统）；
2. 了解各子系统的作用、分类及组成；
3. 掌握各组成部分之间信号及能量的传递。

任务学习技能要求

1. 掌握不同品牌及类型纯电动车的组成；
2. 能分析不同品牌纯电动车的信息流及能量流。

任务学习重点、难点

1. 重点：纯电动汽车组成结构；
2. 难点：分析不同品牌纯电动车的信息流及能量流。

任务学习所需设备、器材

1. 绝缘手套、绝缘鞋、绝缘垫、护目镜、防护栏；
2. 纯电动汽车 2 辆。

任务学习

2.1 纯电动汽车基本结构

纯电动汽车的结构布置各式各样,图 3.10 所示为纯电动汽车的基本结构。纯电动汽车主要由三个子系统组成,分别为电力驱动子系统、主能源子系统和辅助控制子系统三个部分。

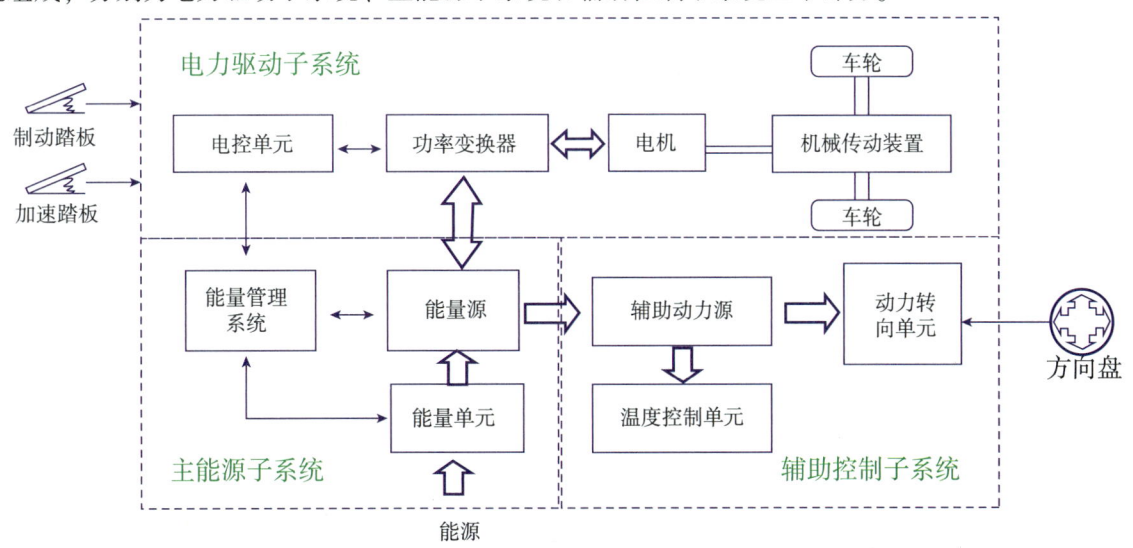

图 3.10 纯电动汽车构成

电力驱动系统由车辆控制器、电力电子变换器、电机、机械传动装置和驱动轮组成。电力驱动系统中的车辆控制器根据来自加速踏板和制动踏板的信号,控制电力电子变换器进行工作,使得由能源单元提供的直流电源变为适当的交流电源,从而按照驾驶员期望的输出转矩来驱动电动机,再经过机械传动装置来驱动车轮,使车轮前进或后退。

能源系统包含能量管理单元、能量供给单元和能源单元。在纯电动汽车中,再生制动会导致反向功率流,这时能量管理单元与车辆控制器组配合、实现再生制动及其能量的回收;能量管理单元与能量的燃料供给单元一起控制能量的供给,并监视能源的使用情况。能源系统为整车所有系统提供电力供应。

辅助系统由辅助电源、功率控满单元、空调等部分组成。辅助电源为车辆中的输出设备提供不同电压等级的所需电压。

获得的信息:纯电动汽车主要由哪几部分组成?各部分包括哪些部件?
_____
_____
_____
_____

2.2 电力驱动系统

电力驱动系统是纯电动汽车的关键系统,也是与内燃机汽车的根本区别之处,该系统包括电动机驱动装置、机械传动装置和车轮。而电动机驱动装置是驱动系统的核心,针对电动汽车设计的电动机驱动系统需要灵活有效地驱动车轮。电力驱动最重要的部分就是电力电子逆变器,通过对它的控制,对电动机提供合适的驱动电压。

电力电子变流器需要实现四类电能变换:交流 AC 到直流 DC 的整流变换、DC 到 DC 的直流变换、AC 到 AC 的交流变换以及 DC 到 AC 的逆变变换。根据电力电子应用场合的不同,可以选择不同变换类型的变流器以及各种变换组合。电压型逆变器的主要功能是将输入 DC 直流电压转换为所需要的 AC 交流电压,在保证一定功率容量的同时,获得满足需要的动态响应及输出控制精度。在电动机驱动等电力电子应用领域,电压型逆变器是十分关键的部分。

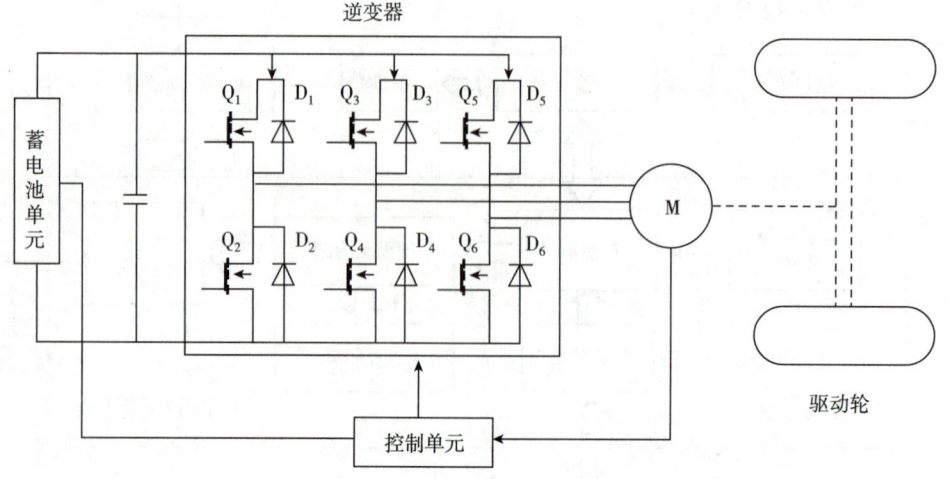

图 3.11 永磁同步电动机驱动系统结构示意图

图3.11为永磁同步电动机驱动系统的结构示意图,蓄电池提供的直流电压通过DC-AC逆变器产生所需的交流电压驱动电动机,从而将电能转换为机械能可以看到,电能完全经过逆变器流向电动机,对较大功率等级的电动机驱动应用场合,逆变器的损耗也不可忽视。此外,通过对变流器的控制,还可以优化电动机的运行效率、改善电动机的输出性能。

> 获得的信息：纯电动汽车电力驱动系统是如何实现能量传输的？

2.3 能源系统

作为纯电动汽车的重要组成部分,动力电池及其充电技术的开发一直是纯电动汽车技术研究的重点,无论哪一种结构的纯电动汽车都离不开动力电池的充电,动力电池的应用都存在补充电能的必要性。尤其是纯电动汽车运行的能量全部来源于车载动力电池。在满足车辆装载质量的前提下,车载蓄电池的容量大,理论上讲充一次电的续驶里程要长一些,电池能量的补充主要依赖于外源来完成,也就是需要经过充电才能完成。充电质量的好与坏直接影响到动力电池运行条件下的能量供给、储存和蓄电池的使用寿命,最终影响到电动汽车的使用成本。纯电动汽车的充电是维持电动汽车运行的一种必备手段,纯电动汽车充电器总体可以分为两大类：车载充电器和非车载充电器。

（1）车载充电器是指装在车辆上面,作为车辆的一个部件,主要用于应急情况。它连接外部的交流电,把交流电转换后为电动汽车蓄电池组进行充电。由于受到车辆空间和负载的限制,车载充电器功率相对较小,一般为3~5kW。

（2）非车载充电器是指装在地面,作为家用充电器或公共充电桩,一般采用单相或三相交流电,将交流电变成高质量稳定的直流电,根据电动汽车蓄电池组的要求,在充电控制器的管理下,安全自动地完成电动汽车蓄电池组的充电。为了满足各种充电模式,其功率、体积和质量相对于车载较大。

> 获得的信息：纯电动汽车如何实现能量供给？

2.4 辅助系统

2.4.1 电控助力转向系统

转向盘总成包括转向盘、转向盘转角传感器、力矩传感器、转向盘回正力矩电动机。转向盘总成的主要功能是将驾驶员的转向意图（通过测量方向盘转角）转换成数字信号，并传递给主控制器；同时，接收主控制器送来的力矩信号，产生转向盘回正力矩，以提供给驾驶员相应的路感信息。转向执行总成包括前轮转角传感器、转向执行电动机、转向电动机控制器和前轮转向组件等。转向执行总成的功能是接收主控制器的命令，通过转向电动机控制器控制转向车轮转动，实现驾驶员的转向意图。

2.4.2 电动空调系统

汽车空调的功能就是把车厢内的温度、湿度、空气清洁度及空气流动性保持在使人感觉舒适的状态。在各种气候环境条件下，纯电动汽车车厢内应保持舒适状态，以提供舒适的驾驶和乘坐环境。对于纯电动汽车来说，车上拥有高压直流电源，因此，采用电动空调、压缩机采用电动机直接驱动，成为纯电动汽车空调制冷系统可行的解决方案。

电动空调有以下优点：

（1）提高车载空间的自由度。电动空调可以提高装载空间的自由度，甚至可以实现空调系统的模块化，有利于降低开发成本。

（2）效率高，省能源，提高乘员的舒适性。电动空调的压缩机是通过有变频器驱动的电动机提供的动力，可以根据实时的反馈温度进行连续调节。这样电动空调提高了制冷性能，同时，吹出的温度波动小，提高了乘员的舒适性。

由于在纯电动汽车中，无法利用发动机产生的热量来进行制热，所以需要通过别的途径来达到这一目的。电动空调有以下三种制热方法。

（1）采用 PTC 加热器加热。PTC 热敏电阻是一种典型具有温度敏感性的半导体电阻，超过一定的温度（居里温度）时，它的电阻值随着温度的升高呈阶跃性的增高。该加热方式成本低，安装方便，但是能耗高，安全系数低。

（2）采用电动机冷却液余热，同时，PTC 辅助加热。该方式是以电动机的冷却液为主要的热量来源不是部分由 PTC 加热器来提供，因此，能耗要比纯 PTC 加热要低。

（3）热泵型空调系统。热泵型空调系统是在原有燃油汽车上进行改进的，压缩机是由永磁直流无刷电动机直接驱动。

思考与学习：传统汽车空调的动力来源是什么？为什么新能源汽车空调采用电动压缩机？

2.5 电动制动器

电动制动器施加在制动摩擦片上的作用力不是通过液压油或空气压力实现的,而是通过采用力矩电动机驱动滚珠丝杠或者电动机的输出经过减速齿轮后加在制动盘上。

电动制动器是以电能作为能量来源,由中心控制模块控制,由电动机经过传动装置产生促动动力驱动制动钳,实现制动功能的全新制动系统,与传统制动系统相比,它具有以下优点。

(1)电动制动器采用电线传递能量、数据线传递信号,完全摒弃了原有的液压管路等部件,而且无真空助力器,结构简洁、质量轻、体积小。

(2)电动制动器采用了电控,易于并入车辆综合控制网络中,并且可以同时实现 ABS、TCS、ESP、ACC 等多种功能,这些电子装备的传感器、控制单元等部件可以与电动制动器共用,而无须增加其他的附加装置。

(3)传动效率高、安全可靠,而且节能。

(4)无须制动液,降低对环境的污染。

任务实施

1. 电力驱动子系统结构认知

(1)根据指定车型(吉利帝豪 EV300)完成减速器、驱动桥、驱动电机、电机控制器等部件的认知。

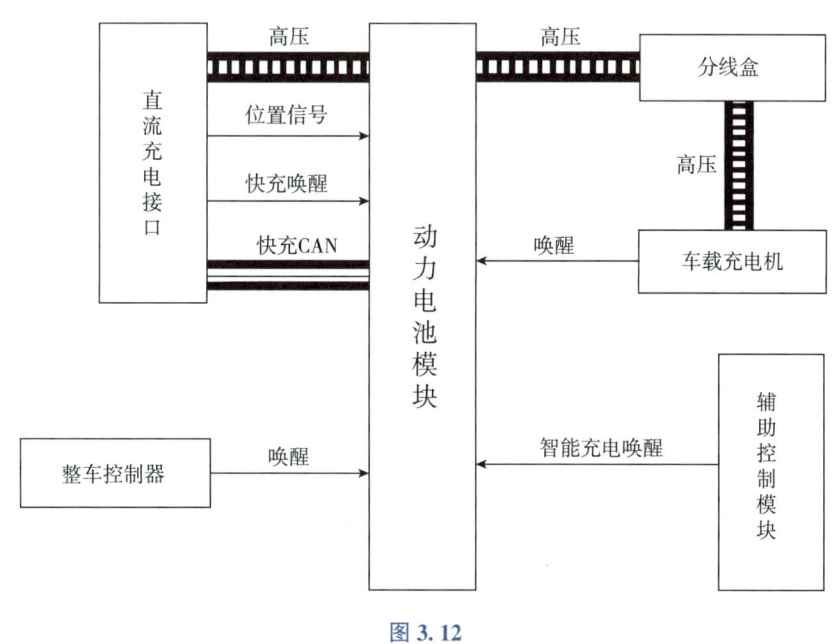

图 3.12

(2)正确描述各部件之间的连接关系,画出能量传递路线。

2. 主能源子系统结构认知

(1)根据指定车型(吉利帝豪 EV300)完成动力电池、车载充电器、交流充电口、直流充电口等部件的认知。

新能源汽车概论

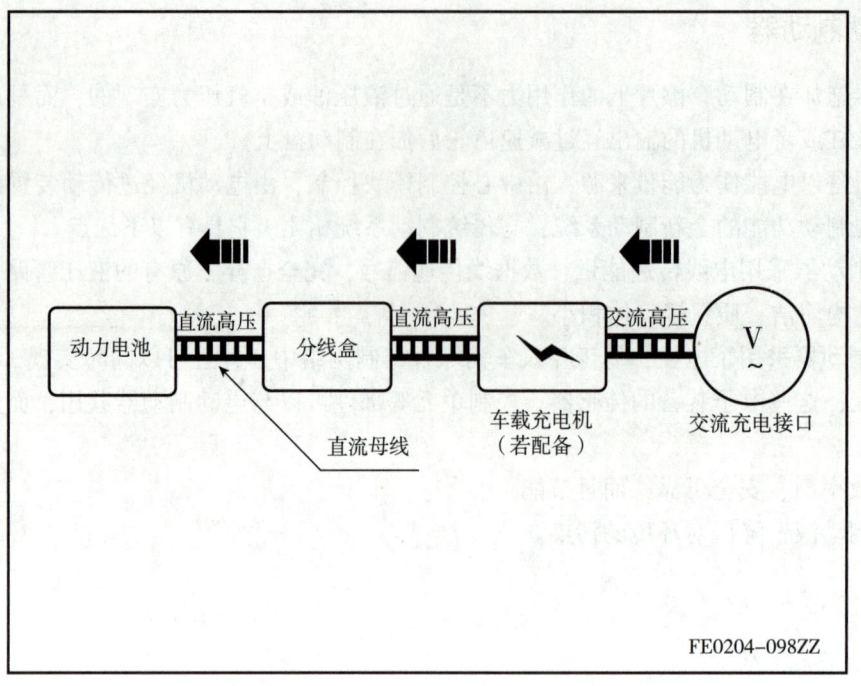

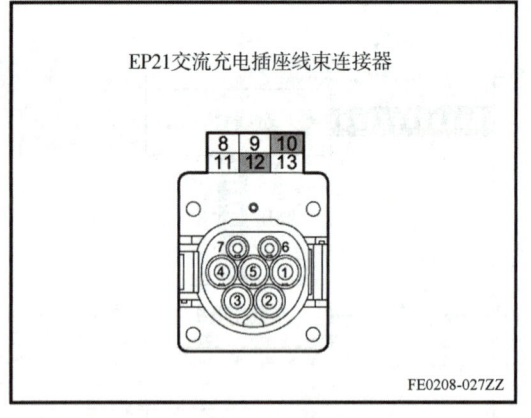

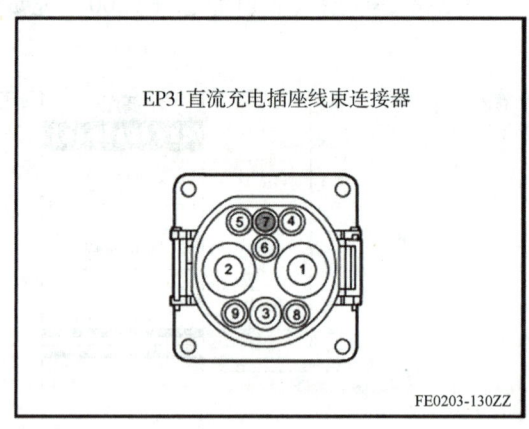

图 3.13

（2）正确描述各部件之间的连接关系，画出能量传递路线。

3. 辅助控制子系统结构认知

（1）根据指定车型（比亚迪 e6）完成电动助力转向、电动真空泵、电动压缩机、PTC 等部件的认知。

图 3.14

（2）正确描述各部件是如何实现高压供电的。

任务 3　纯电动汽车工作原理

思政教育

零排放和高效能源的利用是新能源汽车具有的优势，积极支持和参与纯电动汽车的推广和发展，正是为保证可持续发展、保持宜居生活环境做出自己的贡献。

任务导言

纯电动汽车在使用过程中会遇到启动困难、行使无力等情况，要对其进行故障排除与维修就要掌握其原理。本任务介绍纯电动汽车工作原理，通过任务学习，要求学生掌握动力系统、高压电控系统及电池管理系统的工作原理，要求学生会判断简单的故障。

任务学习知识要求

1. 理解动力系统、高压电控系统及电池管理系统的作用及组成；
2. 掌握各系统中结构的工作原理。

任务学习技能要求

1. 能够在整车上找出各部件的具体位置；
2. 能够根据各部分的原理判断出纯电动车简单的故障。

任务学习重点、难点

1. 重点：动力系统、高压电控系统及电池管理系统的作用及组成；

2. 难点：能够根据各部分的原理判断出纯电动车简单的故障。

任务学习所需设备、器材

1. 绝缘手套、绝缘鞋、绝缘垫、护目镜、防护栏；
2. 纯电动汽车一辆。

任务学习

3.1 动力系统

电动汽车的动力系统主要包括电动机、蓄电池和传动系统。

3.1.1 蓄电池

目前，市场上的纯电动汽车大部分采用的电池有铅酸电池（图3.15）、镍氢电池（图3.16）、磷酸铁锂电池（图3.17）。铅酸电池相对来说技术已经较为成熟，价格便宜，但是其性能和充放电次数都要差一些。而镍氢电池和磷酸铁锂电池性能都比铅酸电池好很多，但是价格相对来说较贵。由于纯电动汽车的基础是以电池作为动力源，所以蓄电池的好坏也就大体决定了该辆车性能的好坏，如纯电车的续航里程和加速能力分别与比能量和比功率有关。

图 3.15 铅酸蓄电池

图 3.16 镍氢电池

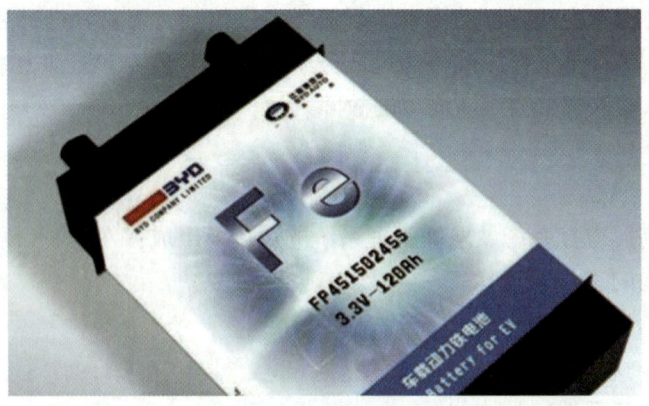

图 3.17 磷酸铁锂电池

铅酸电池化学式：

负极材料：Pb 正极材料：$PbSO_4$ 电解质溶液：H_2SO_4

放电过程 负极：$Pb - 2e^- + SO_4^{2-} = PbSO_4$，正极：$PbO_2 + 2e^- + SO_4^{2-} + 4H^+ = PbSO_4 + 2H_2O$。

总反应：Pb+PbO$_2$+2H$_2$SO$_4$ = 2PbSO$_4$+ 2H$_2$O。

充电过程　阴极：PbSO$_4$+2e$^-$=Pb+SO$_4^{2-}$，阳极：PbSO$_4$-2e$^-$+2H$_2$O = PbO$_2$+ 4H$^+$+ SO$_4^{2-}$。

总反应：2PbSO$_4$+ 2H$_2$O = Pb + PbO$_2$+ 2H$_2$SO$_4$

镍氢电池化学式：镍氢电池采用与镍镉电池相同的Ni氧化物作为正极，储氢金属作为负极，碱液（主要为KOH）作为电解液，镍氢电池充电时，正极发生反应如下：

Ni（OH）$_2$-e+OH$^-$→ NiOOH + H$_2$O。

负极反应：MHn + ne → M + n/2H$_2$。

放电时，正极：NiOOH + H$_2$O + e → Ni（OH）$_2$+ OH$^-$。

负极：M + n/2H$_2$→ MHn + ne。

磷酸铁锂电池化学式：

充电：LiFePO$_4$-xLi（锂离子）-xe→xFePO$_4$+ (1-x) LiFePO$_4$。

放电：FePO$_4$+ xLi（锂离子）+xe→xLiFePO$_4$+ (1-x) FePO$_4$。

吉利EV300动力电池采用三元锂电池（Lithium ion Battery）：以钴酸锂、锰酸锂或镍酸锂等化合物为正极，以可嵌入锂离子的碳材料为负极，使用有机电解质。动力电池位置如图3.18所示。

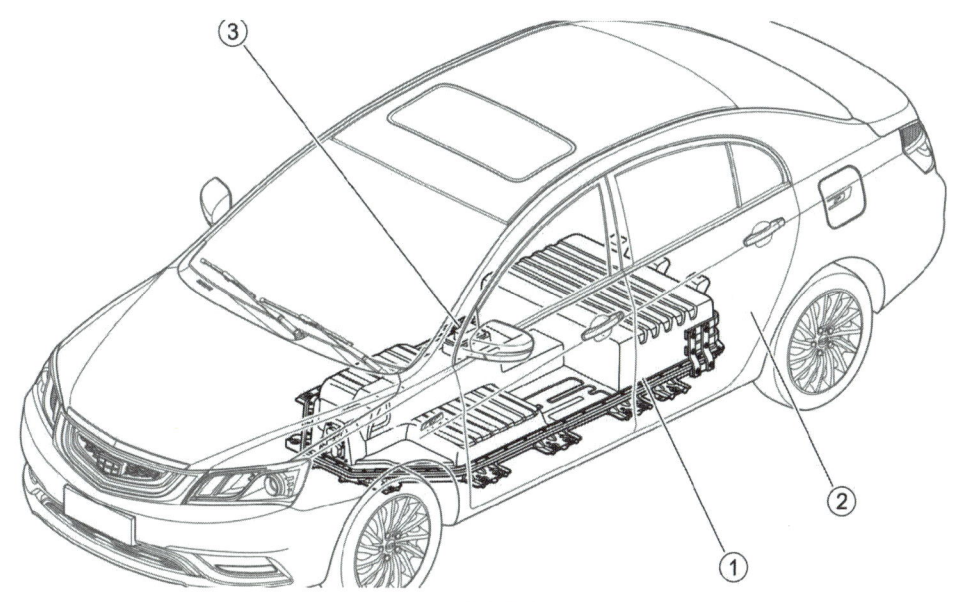

图 3.18　动力电池位置图

思考与学习：纯电动汽车用动力电池和普通铅酸蓄电池的异同点是什么？为什么新能源汽车普遍采用锂电池？

3.1.2 电动机

纯电动汽车所采用的驱动电机种类很多,如图 3.19 所示,目前,主要应用的有直流电机、交流感应电机、交流永磁电机、开关磁阻电机等,性能见表 3.1 所列。

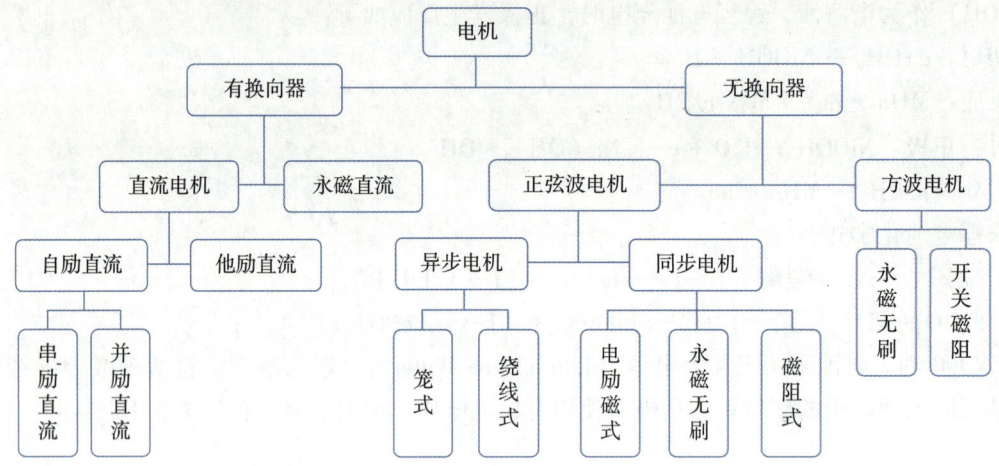

图 3.19 新能源汽车用电机种类

表 3.1 电机基本性能比较表

项目	直流电机	感应式电机	永磁式电机	开关磁阻式电机
功率密度	低	中	高	较高
过载能力(%)	200	300~500	300	300~500
峰值效率(%)	85~89	94~95	95~97	90
负荷效率(%)	80~87	90~92	97~85	78~86
功率因数(%)	—	82~85	90~93	60~65
恒功率区	—	1:5	1:2.25	1:3
转速范围(r/min)	4 000~6 000	12 000~20 000	4 000~10 000	>15 000
可靠性	一般	好	优良	好
结构的坚固性	大	好	一般	优良
电机外形尺寸	重	中	小	小
电机质量	最好	中	轻	轻
控制操作性能	低	好	好	好
控制器成本	低	高	高	一般

吉利 EV300 的驱动电机为永磁同步交流电机,可以做到能量回收。电机通过电机控制器将电能转化为机械能,驱动整车行驶。在电机的内部还有水冷循环系统,可以防止电动机过载发热造成烧机,在电机的尾部还有旋转变压器,主要是用来检测电动机的转速、位置、温度,如图 3.20 所示。

与传统汽车不同,电机没有怠速。即使车辆由静止到起步的临界点状态,电机也可以产生最大的扭矩,可以保证提供给车辆较好的加速度。扭矩与转速特性如图 3.21 所示。

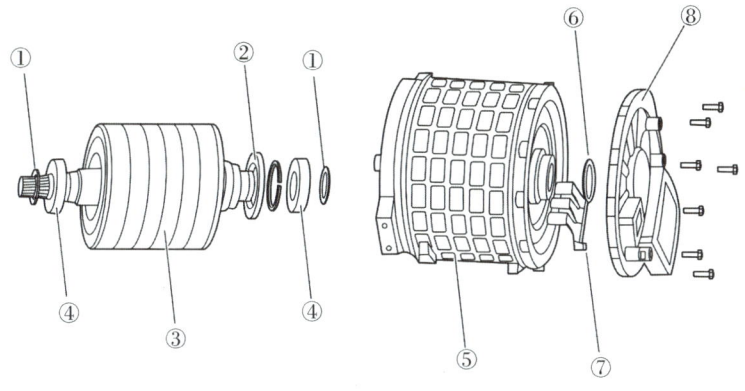

图 3.20 吉利 EV300 驱动电机

①—轴用弹性档圈；②—旋变转子；③—转子总成；④—深沟球轴承；
⑤—定子壳体总成；⑥—波形弹簧；⑦—圆柱销；⑧—后端盖总成

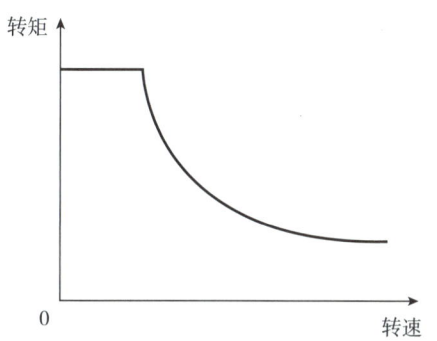

图 3.21 驱动电机的转矩和转速的关系图

试着说明一下传统车的转速转矩比值与电车的转速转矩比值有什么区别？

当三相交流电被接入到定子线圈中，即产生了旋转的磁场，这个旋转的磁场牵引转子内部的永磁体，产生和旋转磁场同步的旋转扭矩。使用旋转变压器检测转子的位置和电流传感器检测线圈的电流，从而控制驱动电机的扭矩输出，如图 3.22 所示。

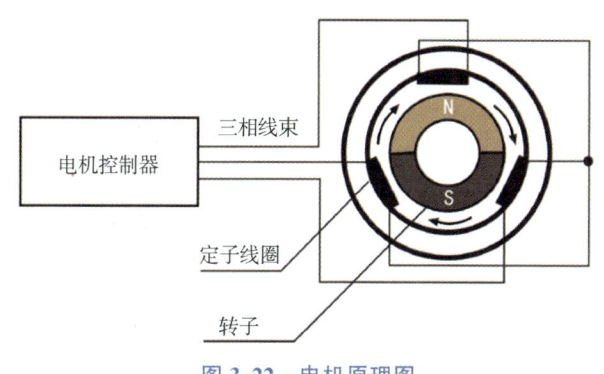

图 3.22 电机原理图

旋变信号的作用是反应驱动电机转子当前的旋转相位，电机控制器在通过旋变信号计算当前的驱动电机转速。本车旋转变压器采用磁阻式旋转变压器。结构如图所示，旋变转子与驱动电机转子同轴连接，随电机转轴旋转。旋变定子内侧有感应线圈，安装在驱动电机定子上。驱动电机旋转时，带动旋变转子旋转。旋变器与电机控制器中间通过6根低压线束连接，2根是从电机控制器激励信号，另外4根分别是旋变器输出的正弦信号和余弦信号。6根线当中任何一根线路出现故障都会导致驱动电机无法正常工作。如图3.23所示。

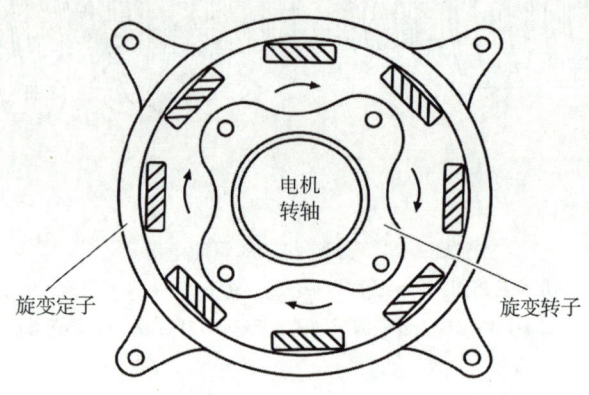

图3.23 旋变工作原理

思考与学习：永磁同步电机在纯电动汽车上应用广泛的原因是什么？

3.2 高压电控系统

高压电控总成集成两电平双向交流逆变式电机控制器模块、车载充电器模块、DC-DC变换器模块和高压配电模块，漏电传感器。

3.2.1 电机控制器（图3.24）

电动机控制器是驱动电动机系统的控制中心，又称智能功率模块，以IGBT（绝缘栅双极型晶体管）模块为核心，辅以驱动集成电路和主控集成电路。通过把微电子器件和功率器件集成到同一芯片上，形成了智能功率模块。对所有的输入信号进行处理，并将驱动电动机控制系统运行状态的信息通过CAN2.0网络发送给整车控制器。驱动电动机控制器内含故障诊断电路，当诊断出异常时，它将会激活"错误代码"，发送给整车控制器，同时，也会存储该故障码和数据。

电动机控制器使用以下传感器来提供驱动电动机系统的工作信息：

图3.24 电机控制器

（1）电流传感器：用以检测电动机工作的实际电流（包括母线电流、三相交流电流）。

（2）电压感器：用以检测供给电动机控制器工作的实际电压（包括动力电池电压、12V 蓄电池电压）。

（3）温度传感器：用以检测电动机控制系统的工作温度（包括 ICHT 模块温度．电动机控制器板载温度）。

电机控制器根据中央控制单元的指令和驾驶员输入的信号、电机反馈的电流信号，对电机的速度驱动转矩进行控制，电机控制器和驱动电机必须配套使用。

思考与学习：电机控制器、逆变器、功率变换器之间有什么联系？是同一个系统吗？

3.2.2 DC-DC

动力电池包是电动汽车上的唯一能源，它除了给车辆供给驱动能源外，也可以供应车上的一些低压电器使用，由于驱动电机的电压都是高压，给低压电器使用的时候就需要用到 DC-DC（图 3.25）这个模块。DC-DC 是将高压直流电转化为低压 12~14V 直流电，转化后的低压直流电压用来驱动低压电器（如仪表、照明、收音机、车窗和门锁电机等）。当车辆长时间未启动时，车上的低压蓄电池会造成亏电情况导致电量不足，车辆上电困难，这时候就会用到主驾驶室门把手上的微动开关，按下微动开关按钮，DC-DC 自动为亏损的蓄电池充电。

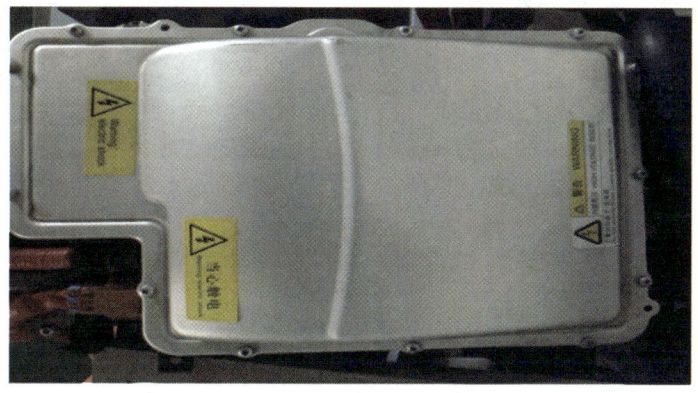

图 3.25 DC-DC 控制器总成（比亚迪 e6）

DC-DC 损坏会出现那些问题？

简述 DC-DC 的含义？

3.2.3 高压配电模块

高压配电模块是电动汽车重要的高压部件之一。高压配电箱是控制动力电池包里的高压直流电的电能传递输出及分配，实现对电路的保护及切断。不同制造厂家的叫法有所差异，高压配电箱、高压配电盒、高压线盒都是高压配电模块的叫法。

在高压配电模块内有线路保护熔丝、继电器、预充电组、预充电容等配件。高压配电盒内的接触器是主要配件，它控制着车辆的上电、断电和充电，也控制着空调、加热系统等重要的高压系统部件。如图 3.26 所示为比亚迪 e5 电动轿车"四合一"控制盒内部的高压配电模块。

而在吉利帝豪 EV300 的配电箱里面不存在接触器，此款车上的配电箱主要是控制电池包充放电以及给电机控制器提供电源。如图 3.27 所示，为吉利帝豪 EV300 高压配电箱内部电路板。

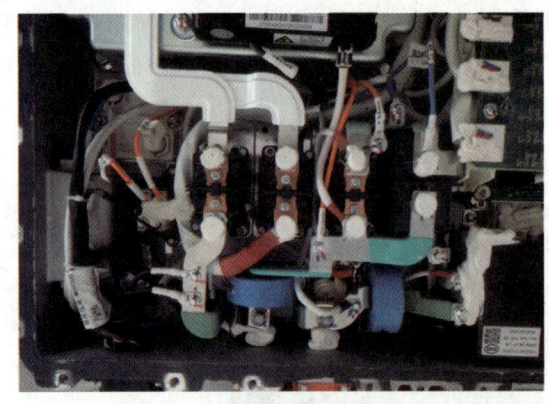

图 3.26 比亚迪 e5 高压配电模块

图 3.27 高压配电箱内部电路板

思考与学习：高压配电模块主要向那些系统配电？其配电关系是如何控制的？

3.2.4 车载充电系统

1. 车载充电机

车载充电机（On-board Charger，OBC）安装在车辆上，用于将充电柜或220V交流插座上的电能转换成合适的直流电，为动力电池充电。

纯电动汽车在动力电池电能耗尽时，无法继续行驶，需要外部电能补给，车载充电器能够将交流电整流成直流电，并且可以通过升压模块将电压升到稍大于动力电池的端电压，从而进行慢充充电。车载充电器根据车型布置不同，有些车辆安装在车辆前舱（如吉利帝豪EV450、北汽新能源EV160等），有些则安装在车辆后备厢附近（如比亚迪e6、秦等），还有的与其他高压设备共同集成在一个高压电控总成内部（如2017款比亚迪e5）。如图3.28所示是北汽EV150的车载充电机。

图3.28 北汽EV150车载充电机

2. 充电流程

快充：当直流充电设备接口连接到整车直流充电口，直流充电设备发送充电唤醒信号给BMS，BMS根据动力电池的可充电功率，向直流充电设备发送充电电流指令。同时，BMS吸合系统高压正极继电器和高压负极继电器，动力电池开始充电。充电时间：48min可充电80%。快充能量传递路线如图3.29所示。

图3.29 快充示意图

慢充：当车辆处于交流充电模式下，ACM检测交流充电接口的CC、CP信号（充电枪插入、导通信号）并唤醒BMS，BMS唤醒车载充电机并发送指令充电，同时，闭合主继电器，动力电池开始充电。充电时间：预估13~14h可充满。慢充能量传递路线如图3.30所示。

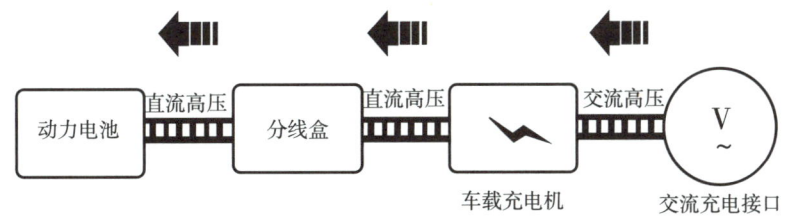

图3.30 慢充原理图

高压上电前，低压电路系统依赖12V铅酸蓄电池供电，当高压上电后，电机控制器将动力电池的高压直流电转换成低压直流电为12V铅酸蓄电池充电。低压充电能量传递路线如图3.31所示。

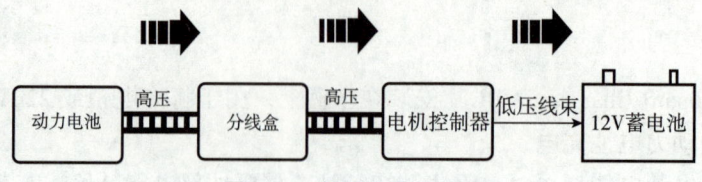

图3.31 低压充电原理图

长期停放的车辆容易造成低压蓄电池馈电，当低压蓄电池严重馈电将会导致车辆无法启动上电。为避免这一问题，本车具有智能充电功能。车辆停放过程中辅助控制器（ACM）将持续对电源蓄电池电压就行监控，当电压低于设定值时，ACM将唤醒BMS，同时，VCU也将控制电机控制器通过DC-DC对低压蓄电池进行充电，防止低压蓄电池馈电。智能充电原理如下图3.32所示。

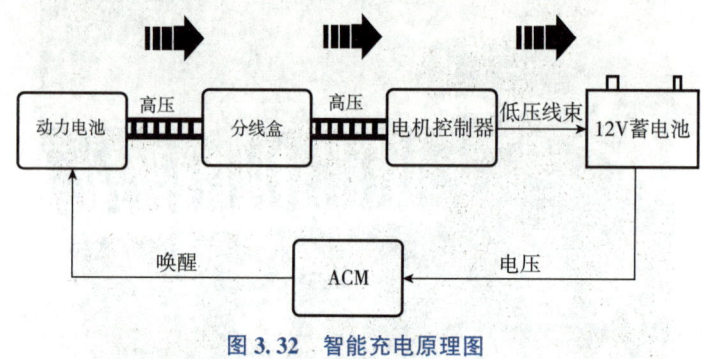

图3.32 智能充电原理图

思考与学习：交流充电和直流充电的区别在哪里？对动力电池的充电时间及使用寿命有何影响？

3.2.5 漏电传感器

漏电传感器位于后行李舱，在高压配电箱的下边，用于车上动力电池组的漏电检测。当动力电池组漏电时，传感器发出一个信号给电池管理器，电池管理器接到漏电信号后，进行相关保护操作并报警，防止动力电池组的高压电外泄，造成人或者是物品的伤害和损失。

漏电传感器主要监测电池总成与车身的漏电电流，漏电传感器与BMS相连，漏电传感器把信号传递给BMS，BMS通过漏电传感器给出的信号再控制是否可以上电。绝缘阻值超过500V/Ω时为安全状态，达到500V/Ω至100V/Ω为一般漏电；绝缘阻值低于100V/Ω为严重漏电。

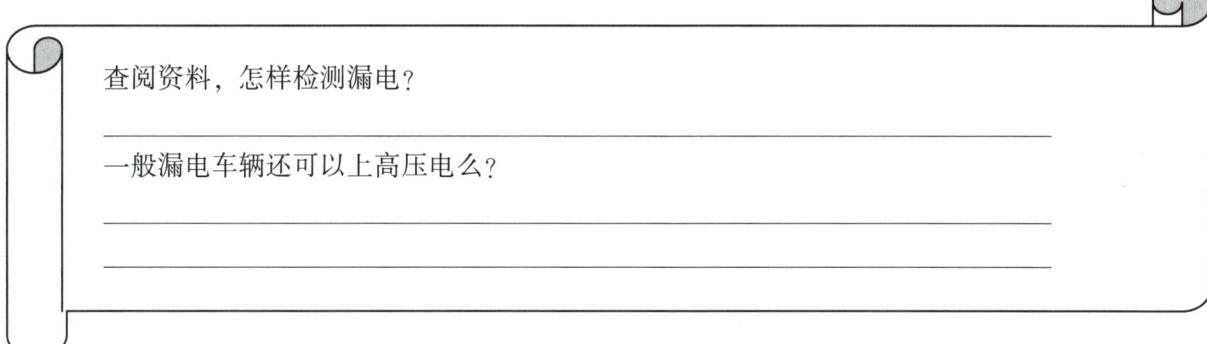

查阅资料，怎样检测漏电？

一般漏电车辆还可以上高压电么？

3.3 电池管理系统

电池管理系统（Battery Management System，BMS）的功用就是检测电池的使用情况以及检测电池温度和放电深度，计算动力电池的 SOC（荷电状态）值，如图 3.33 所示为比亚迪 e6 纯电动汽车的电池管理器。主要管理动力电池的充放电接触器控制，功率限制，充放电电流检测；电池温度、电压采样等，在电池出现漏电、碰撞、电压过高过低或温度过高过低时及时控制接触器以保护动力电池的装置。这一参数是在电动车使用十分关键却不易获取的数据，对 SOC 精确地辨识，是电池管理系统的一个关键技术。BMS 的主要输入信号和执行部件见表 3.2 所列。

表 3.2 BMS 的主要输入信号和执行部件

BMS 的主要任务	输入的信号	执行部件
防止过充	电池、电源、温度	充电机
防止过放	电池电压、电流、温度	电动机功率转换器
温度控制	电池温度	冷热空调（风扇等）
电池组件电压和温度的平衡	电池电压和温度	平衡装置
预测电池的 SOC 和剩余行驶里程	电池电压、电源、温度	显示装置

BMS 在检测到充电状态下无法启动车辆，车辆在上电的情况下则无法充电，这种情况成为安全互锁，避免在充电的情况下启动车辆，损坏充电桩以及危机到人身安全。

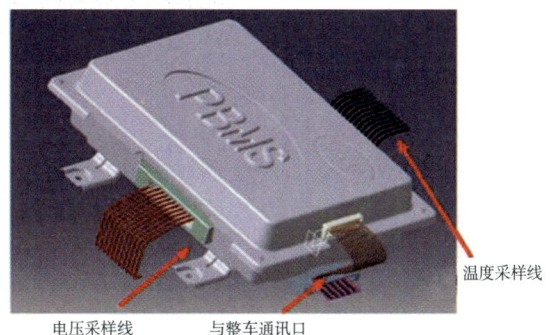

图 3.33 比亚迪 e6 电池管理器

电池管理器本身出现的故障较少，且数据流不易发现故障主要表现形式为：车辆无 EV、充放电异常、SOC 不能正常显示。当判定电池管理器出现故障时，可通过倒换电池管理器来确定。

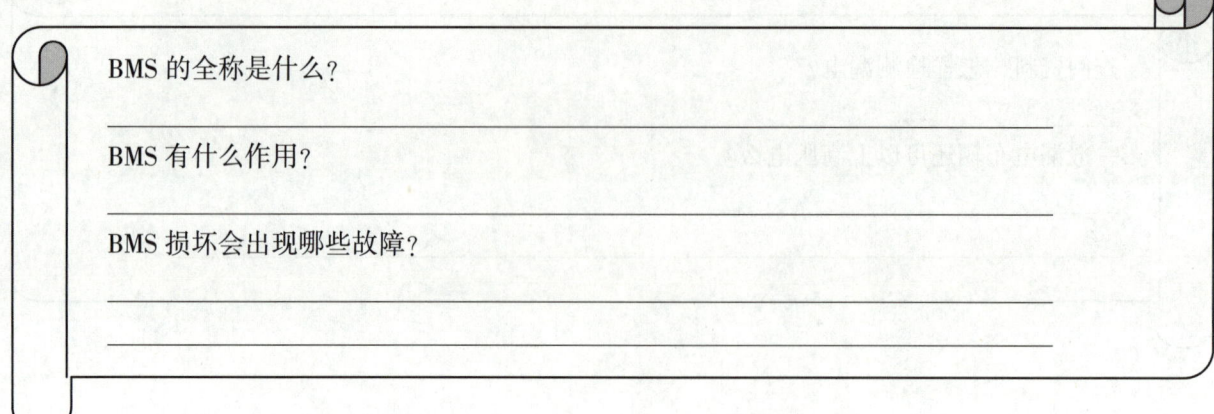

BMS 的全称是什么？
_____

BMS 有什么作用？
_____

BMS 损坏会出现哪些故障？
_____
_____

任务实施

1. 动力电池的工作原理

（1）根据提供车型（比亚迪 e5，2017 款），查找动力电池铭牌和维修手册，指出动力电池的模组信息、电压、电池容量，并查找低压电池的容量，指出动力电池和低压电池为何容量相同但所携带的电能差异巨大。

图 3.34

（2）指出动力电池控制单元位置。

2. 电机控制器的工作原理

（1）查找相关资料，指出当前使用广泛的交流电机控制方法，即如何将直流变为交流的。

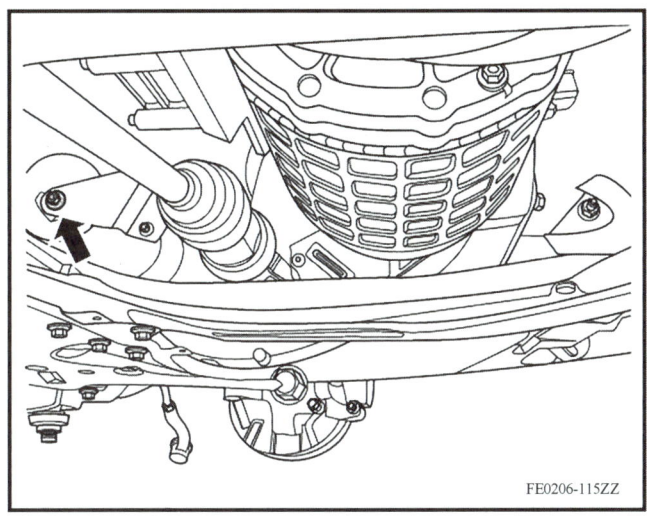

图 3.35

（2）查阅资料，画出旋转磁场是如何产生的示意图。

3. 高压配电箱的工作原理

（1）下图是比亚迪 e6 的高压配电盒，请根据其构造，找出高压配电箱内的主要元件。

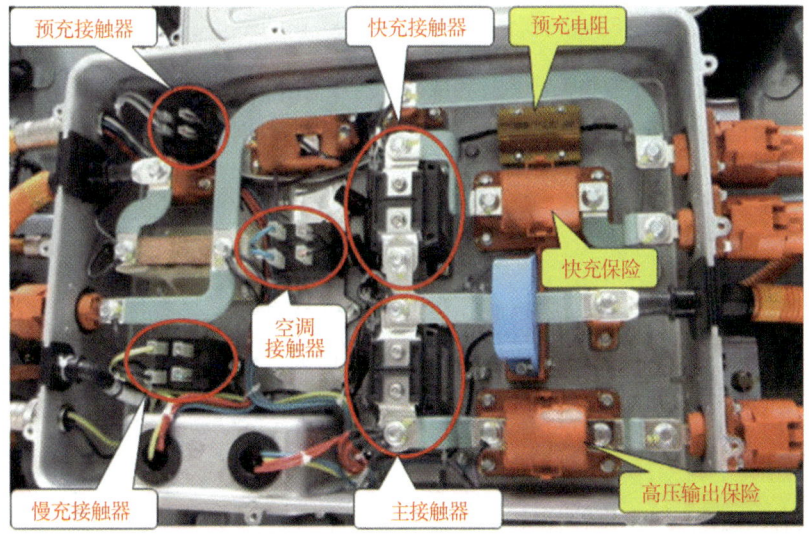

图 3.36

（2）查阅资料，指出该高压配电箱内的接触器是通过什么方式控制的。

混合动力汽车结构原理

项目导言

混合动力汽车在燃油汽车的基础上增加了动力来源，改变了原有的驱动方式和能量补给方式。混合动力汽车既改善了汽车的燃油经济性和排放性能，又弥补了纯电动汽车续航里程短的不足。学习混合动力汽车，首先要认识混合动力汽车，然后应对其结构进行了解，再深入学习它的工作原理。

项目目的

通过对认识混合动力汽车、混合动力汽车的结构和混合动力汽车的工作原理3个具体任务的学习，了解混合动力汽车的类型、品牌，对混合动力汽车组成结构、工作原理等专业知识有整体的把握。

任务1　认识混合动力汽车

思政教育

混合动力汽车作为过渡性技术对可持续发展以及汽车产业链的构建和发展具有重要意义，也有利于经济发展和就业。在新能源汽车产品的更新换代中不断提升技术创新，减少环境污染，节约燃料。在生活中我们也应该不断积累，努力做到积小善为大善，积小成为大成。

任务导言

道路上形形色色的新能源汽车，品牌繁多、类型各式各样。除了具有标志性的绿色牌照外，混合动力汽车在外观上与燃油轿车并无两样，本教材所讨论的混合动力汽车不限于插电式混合动力汽车。认识混合动力汽车是学习混合动力汽车的一个必要环节。

任务学习知识要求

1. 掌握混合动力汽车的分类；
2. 了解三种混合动力系统性能的比较。

任务学习重点、难点

1. 重点：插电式混合动力汽车的特征及代表车型；
2. 难点：非插电式混合动力汽车的特征及代表车型。

任务学习所需设备、器材

1. 绝缘手套、绝缘鞋、绝缘垫、护目镜；
2. 防护栏；
3. 非插电式混合动力汽车一辆，插电式混合动力汽车一辆。

任务学习

1.1 混合动力汽车的类型

混合动力汽车的类型，按能量补给形式分，可以分为插电式混合动力汽车和非插电式混合动力汽车。按照驱动形式分，可以分为串联式、并联式和混联式。按照对电能的依赖程度，则可以分为弱混、中混、强混及插电式几种。

1.1.1 按能量补给形式分

1. 插电式混合动力汽车

插电式混合动力汽车在发动机和动力电池混合驱动的基础上，装配了电池充电系统，能够实现电网为动力电池补充电量的目的，属于我国产业政策中"新能源汽车"范畴，可享受免税、补贴等政策。但由于国家新能源汽车各项政策对纯电动汽车倾向性，插电式混合动力一直处于被压制的态势。2016年全年，纯电动乘用车销量达到24万辆，同比增长114.36%；插电式混合动力乘用车销量为8.04万辆，同比增长仅为26.4%。2022年中国新能源汽车产销分别完成705.8万辆和688.7万辆，同比分别增长96.9%和93.4%，新能源汽车市场占有率提升至25.6%。其中，纯电动汽车销量536.5万辆，同比增长81.6%；插电式混动汽车销量151.8万辆，同比增长1.5倍。

在车辆上牌时插电式混合动力汽车显示了其特殊待遇，自北京、上海等地实施新能源汽车上绿牌政策后，各省市纷纷推广这一做法。插电式混合动力汽车牌照具体编码规则是省份简称（1位汉字）+发牌机关代号（1位字母）+序号（6位）。小型新能源汽车号牌的第一位必须使用字母 D、F（D 代表纯电动新能源汽车，F 代表非纯电动新能源汽车），第二位可以使用字母或者数字，后四位必须使用数字。大型新能源汽车号牌的第六位必须使用字母 D、F（D 代表纯电动新能源汽车，F 代表非纯电动新能源汽车），前五位必须使用数字。如图4.1和图4.2所示。

图 4.1　纯电动汽车和插电式混合动力轿车牌照　　图 4.2　小型和大型插电式混合动力汽车牌照区别

插电式混合动力汽车的品牌、车型较多，国内著名的有比亚迪秦、比亚迪唐等，国外的有奥迪 A3e-tron、大众途观 L 新能源、宝马 i8 等。如图4.3所示是比亚迪唐插电式混合动力汽车。

插电式混合动力汽车在外观上还有一个显著的特征，就是除了有加油口外，比一般燃油车和非插电式混合动力汽车多一个充电口,如图4.4所示。这个充电口只有一种充电方式,为交流充电、慢速充电。

图4.3　比亚迪唐插电式混合动力汽车

图4.4　插电式混合动力汽车的充电口

见表4.1所列列举了全球知名品牌的插电式混合动力汽车,目前,各国汽车厂商都在新能源汽车领域跃跃欲试,在插电式混合动力汽车的角力场上更想分一杯羹。

表4.1　全球PHEV车型、厂商简表

序号	品牌	车型	国家
1	比亚迪	秦、唐、宋等	中国
2	理想	理想系列	中国
3	长安	长安、蓝鲸等	中国
4	上汽	荣威等	中国
5	吉利	星越等	中国
6	宝马	宝马5系新能源、宝马X5新能源等	德国
7	奔驰	奔驰C级新能源、奔驰E级新能源等	德国
8	现代	索纳塔PHEV等	韩国
9	大众	途观新能源车等	德国
10	雪佛兰	沃蓝达等	美国

2. 非插电式混合动力汽车

非插电式混合动力汽车在能量供给上,不再通过外接充电系统为动力电池充电,电能补给基本依靠发动机发电,少量由制动能量回馈产生。根据《节能与新能源汽车产业发展规划(2012—2020年)》文件要求,非插电式混合动力汽车在我国销售不享受政府补贴和面购置税的政策。在上牌时,非插电式混合动力汽车和燃油轿车没有任何差别。

非插电式混合动力汽车最为著名的车型是日本丰田品牌的普锐斯。一汽丰田的凯美瑞双擎、广汽丰田的雷凌双擎等车型也属于非插电式混合动力汽车,德国奔驰S400HYBRID、宝马i3等车型都是非插电式混合动力汽车(图4.5、图4.6)。

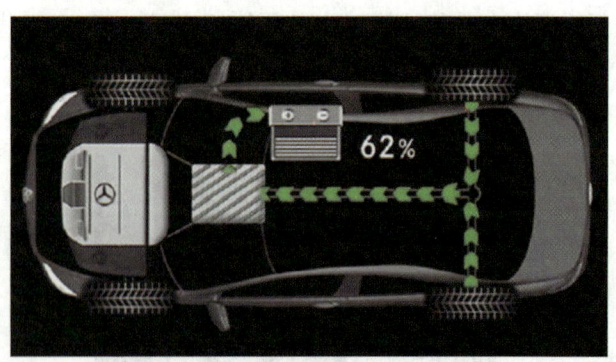

图4.5　奔驰S4400HYBRID车型功率流

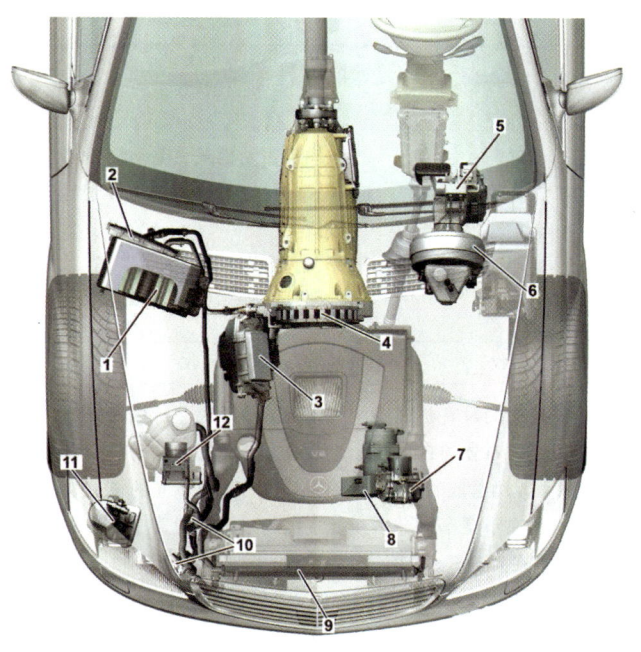

图 4.6 奔驰 S400HYBRID 车型部件位置

1—高压蓄电池；2—DC/DC 变换器；3—电源电子装置；4—电动机；5—踏板机构；6—RBS 制动助力器；
7—电动真空泵；8—电动制冷压缩机；9—低压冷却器；10—低温回路循环泵；
11—电液动力转向机构；12—带再生制动系统控制单元的液压单元

> 按能量补给形式分，混合动力汽车有哪几类？
> _____

1.1.2 按驱动形式分

按驱动形式分，混合动力汽车有以下三种：
（1）串联式混合动力汽车。
（2）并联式混合动力汽车。
（3）混联式混合动力汽车。

以上三种类型的混合动力汽车已在本书项目一中已有介绍，这里不再赘述。通过表 4.2 列举了三种混合动力系统的性能比较。

表 4.2 三种混合动力系统的性能比较

驱动形式 性能	串联式	并联式	混联式
动力总成	发动机、发动机、电动机三大总成	发动机、电动/发电机两大动力总成	发动机、电动/发电机、电动机三大动力总成
发动机的选择范围 发动机功率 发动机排放	发动机选择有多种形式 发动机功率较大 发动机工作稳定，排气净化好	发动机一般为传统的内燃机 发动机功率较小 发动机工况变化大，排气净化较差	发动机选择有多种形式 发动机功率较小 发动机排放介于串联式和并联式之间

续表

驱动形式 性能	串联式	并联式	混联式
驱动模式	只有电动机驱动模式	发动机驱动模式、电动机驱动模式、发动机-电动机混合驱动模式	发动机驱动模式、电动机驱动模式、发动机-电动机混合驱动模式、电动机-电动机混合驱动模式
传动效率	发动机-发动机-电动机能量转换效率低	发动机传动系统的传动效率高	发动机传动系统的传动效率高
制动能量回收	能够制动能量回收	能够制动能量回收	能够制动能量回收
整车总布置	三大动力总成之间没有机械式连接，装置结构布置的自由度较大，但三大动力总成的质量、尺寸都较大，在小型车辆上不好布置，一般在大型车上采用	发动机驱动系统保持机械式传动系统，发动机与电动机两大动力总成之间被不同的机械装置连接起来，结构复杂，使布置受到一定限制	三大动力总成之间采用机械式连接装置，三大动力总成的质量尺寸都较小，能够在小型车辆上布置，但结构更加复杂，要求布置更加紧凑
适用条件	适用于大型客车和货车，适应在路况较复杂的城市道路和普通公路上行驶，更加接近纯电动汽车性能	适用于小型汽车适应在城市道路和高速公路上行驶接近普通内燃机汽车性能	适用于各种类型汽车，适应在各种道路上行驶，更加接近普通内燃机汽车性能
造价	三大动力总成的功率较大，质量较重，制造成本较高	只有两大动力总成，两大动力总成的功率较小，质量较轻，电动发电机具有双重功能，还可利用普通内燃机汽车底盘改装制造成本较低	虽然有三大动力总成，但三大动力总成的功率较小，质量较轻，需要采用复杂的控制系统，造价成本较高
燃油经济性	差	好	好
整车排放性能	好	中	中
动力驱动系统结构	简单	较复杂	复杂
控制方式	简单	较复杂	复杂
制造技术	容易	较难	难
技术先进性	低	先进	先进
成本	高	较高	高

按能量补给形式分，混合动力汽车有哪几类？如何评价和比较这些类型的汽车？

1.1.3 按对电能依赖程度分

1. 弱混混合动力系统

弱混混合动力系统在传统内燃机上的起动电动机（一般为12V）上加装了传动带驱动起动电动机（Belt-alternator Starter Generator，BSG系统）。该电动机为发电-起动（Stop-Start）一体式电动机，用来控制发动机的启动和停止，从而取消了发动机的怠速，降低了油耗和排放。从严格意义上讲，这种微混合动力系统的汽车不属于真正的混合动力汽车，因为它的电动机并没有为汽车行驶提供持续的动力。在弱混合动力系统里，电动机的电压通常有两种：12V和42V。其中42V主要用于柴油混合动力系统。

弱混常用BSG传动带传送起动/发电技术，例如：奇瑞A5的BSG款（电动机10kW）通常节油10%以下，电动机不直接参与驱动，主要用于起动和回收制动能量。

2. 轻混合动力系统

轻混合动力系统的代表车型是通用的混合动力皮卡车，该混合动力系统采用了集成启动电机（Integrated Starter Generator，简称ISG系统）。轻混合动力系统的混合度一般在20%以下。

与弱混合动力系统相比，轻混合动力系统除了能够实现用发电机控制发动机的启动和停止外，还能够实现以下功能：

（1）在减速和制动工况下可对部分能量进行回收。

（2）在行驶过程中，发动机等速运转，发动机产生的能量可以在车轮的驱动需求和发电机的充电需求之间进行调节。

3. 中混合动力系统

中混合动力系统同样采用了ISG系统。与轻混合动力系统不同，中混合动力系统采用的是高压电动机。另外，中混合动力系统还增加了一个功能，在汽车处于加速或者大负荷工况时，电动机能够辅助驱动车轮，补充发动机本身动力输出的不足，从而更好地提高整车的性能。这种系统的混合程度较高，可以达到30%左右，目前，技术已经成熟，应用广泛。

4. 完全混合动力系统

完全混合动力系统采用了271~650V的高压启动电机，混合程度更高。与中混合动力系统相比，完全混合动力系统的混合度可以达到甚至超过50%。技术的发展将使得完全混合动力系统逐渐成为混合动力技术的主要发展方向，完全混合动力代表产品为丰田的普锐斯，可节油40%。

5. 外插电式混合动力系统

外插电式混合动力系统（off-Vehicle/Externally Chargeable Hybrid Electric Vehicel），也即插电式混合动力汽车（Plug-in Hybrid Electric Vehicel，PHEV）。外插电式混合动力系统可以在正常使用情况下从非车载装置中获取能量。外插电式混合动力能够提供更好的节油比例，是传统混合动力技术的一个扩展。相对传统混合动力车辆能够较多地利用电网电能，从而降低油耗、减少排放。例如：大众高尔夫Twin-Drive，测试数据为8kW·h/100km耗电和2.5L/100km的油耗，节油50%到60%。

一般所说的混合动力汽车是由电动机作为发动机的辅助动力驱动汽车，其结构特点就是在传统混合动力汽车上改装或加装可充电的动力电池。因此，不同类型传统混合动力汽车所具备的特点，在相应类型的插电式混合动力汽车上依然具备。所不同的是，插电式混合动力汽车用发动机的功率比传统的混合动力汽车小，电动机和蓄电池的功率比传统混合动力汽车的大，蓄电池可以通过电网进行充电。

1.2 混合动力汽车主要车型

1.2.1 比亚迪·秦（图4.7）

比亚迪·秦，是比亚迪股份有限公司自主研发的DM二代（在纯电动和混合动力两种模式间进行切换）的高性能三厢轿车。自从与德国戴姆勒合资后，比亚迪的造车工艺大幅提升。其先后斥巨资收购日本荻原模具，建设了国内最大的汽车测试基地，为高端电动轿车——比亚迪·秦的上市，做好铺垫。比亚迪·秦自2012年北京车展推出后，一直受到消费者欢迎。

图4.7 比亚迪·秦轿车

混合动力模式下0到百公里加速时间仅为5.9s，最高时速可达185km/h，百公里综合油耗仅2L。秦在纯电状态下可连续驶70km，满足日常代步需求，长途旅行电量耗完后也可用1.5TID黄金动力总成单独驱动，突破了新能源车续驶不足的瓶颈。

秦采用了比亚迪的dmii双模混动系统，依旧采用并联模式，即系统可以以纯电动或汽油+电动模式进行驱动。

在发动机方面，比亚迪目前主推的1.5L Ti缸内直喷+涡轮增压发动机是秦优越的动力性来源之一，最大功率154PS（113kW）/5 200rpm、最大扭矩240n·m/1 750~3 500rpm。

在变速箱方面，比亚迪秦采用了自主开发的6速DCT干式双离合自动变速箱，理论上可以减少动力损失，同时，保持换档时的动力衔接。不过干式离合器的耐用性还需要时间来证明。

在混合动力系统上，由于秦的混动系统可以通过外接电源来为电池组充电，即插电式混合动力，所以在混动的模式下，理论上系统90%使用纯电动模式（EV模式），10%的情况下才会令发动机工作进入燃油模式，这样的控制逻辑可以最大限度地降低整车的燃油消耗。

1.2.2 丰田普锐斯（图4.8）

图4.8 丰田普如斯轿车

当前，新一代普锐斯已经成为领导新时代潮流的混合动力轿车的典范。据统计，普锐斯在全球范围内已累计销售超过40万辆。混动技术THSⅡ的主要总成全部由丰田汽车公司自主开发。通过对电源系统、马达、发电机、电池组等的革新，全面提升了系统性能。系统构成包括：两个动力源（采用高膨胀比循环的高效汽油发动机和输出功率提升至1.5倍的永磁式交流同步电动机）及其驱动马达、发电机、内置动力分离装置的混合动力用变速箱、混合动力用高性能镍氢电池组、动力控制总成。

与人们所熟悉地将汽油发动机作为动力提供装置的普通汽车不同，普锐斯的动力有两部分组成，除了发动机外还多出了电动机（永磁式同步交流电动机）和混合动力车专用蓄电池（密封镍氢电池），这样蓄电池的电力也可以为车辆提供部分动力，达到节省燃油的目的。

在普锐斯的整个行驶过程中到底是用发动机还是用马达来驱动汽车是要根据车辆的行驶状态来决定的，发动机只有在普通行驶和全面加速的两个阶段中运转，消耗燃料，而在减速制动阶段由车轮来驱动马达将车辆制动能量转换成电能并进行回收将被再次利用。

普锐斯作为世界首款量产的混合动力车，它改变了人们基于传统汽车的评判标准。通过TOYOTA油电混合动力系统将汽油发动机与电动机进行组合，在达成高水平的燃油经济性和环保性能的前提下，实现了出色的动力性，并创造了舒畅的驾驶乐趣和良好的静谧性。在城市工况下，排量为1.5L的普锐斯达到了相当于2.0L传统车型的动力性能；而油耗仅相当于1.0L的传统车型。

混动车为什么不直接用发动机驱动车辆而是要转化为电能用电机驱动呢？
_____
混动车与纯电动车相比有哪些优点和缺点？
_____
混动车在纯电模式的情况下能行驶多少公里？
_____
混动车可以分为几类？
_____
混动车一般情况下装机个电机？各有什么用？
_____

任务2　混合动力汽车构造

导学视频

思政教育

了解混合动力汽车在续航里程和性能表现等方面的特点，认识到混合动力汽车在提供舒适驾驶体验的同时，也为用户提供了更多的选择和便利。树立环保公益、环境保护、节能意识、绿色发展的意识，须知绿水青山、就是金山银山。

任务导言

混合动力汽车在结构上与燃油轿车和纯电动汽车均不同。了解混合动力汽车的构造，有助于零部件维修、总成大修及车辆保养的工作开展。本任务以典型的非插电式混合动力汽车和插电式混合动力汽车为例，详解混合动力汽车的组成结构。

任务学习知识要求

1. 掌握混合动力汽车的组成结构；
2. 分清非插电式混合动力汽车和插电式混合动力汽车的结构特点。

任务学习重点、难点

1. 重点：丰田普锐斯非插电式混合动力汽车的组成；
2. 难点：混合动力传动桥的结构。

任务学习所需设备、器材

1. 绝缘手套、绝缘鞋、绝缘垫、护目镜；
2. 防护栏；
3. 插电式混合动力汽车和非插电式混合动力汽车各一辆。

任务学习

2.1 非插电式混合动力汽车结构

以丰田普锐斯轿车为例，非插电式混合动力汽车在结构组成上除一般车辆所需的底盘外，由发动机、混合动力传动桥、HV电池、变频器总成、压缩机、高压线束和动力电池控制单元组等组成，如图4.9所示。这种组成结构称作丰田第二代混合动力系统（Toyota Hybrid System Ⅱ，THS-Ⅱ），THS-Ⅱ系统除了在普锐斯上有所应用，在雷凌双擎、凯美瑞混动以及亚洲龙等新车型上具有采用。

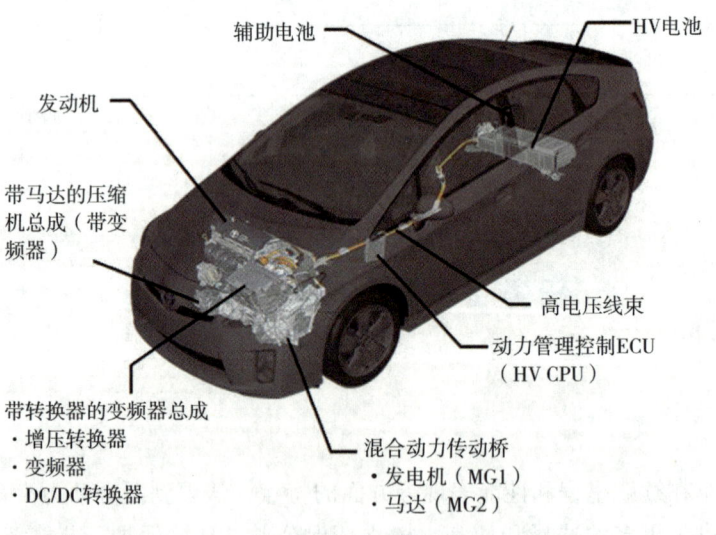

图 4.9 丰田普锐斯结构组成

2.1.1 发动机

混合动力汽车可以广泛的采用四冲程内燃机（包括汽油机和柴油机）、燃气机和斯特林发动机，利用他们各自的优势，可以构成不同特点的混合动力系统。丰田普锐斯采用的第二代THS技术应用了阿特金森循环发动机，如图4.10所示。

阿特金森循环是一种高压缩比，长膨胀行程的内燃机工作循环，巧妙的只用一个飞轮带曲柄连杆机构实现了4个冲程。阿特金森循环与传统发动机的工作循环相比，其最大特点就是做功行程比压缩行程长，也就是我们常说的膨胀比大于压缩比（图4.11）。更长的做功行程可以更有效地利用燃烧后废气残存的高压，所以燃油效率比传统发动机更高一些。

图4.10 混合动力发动机

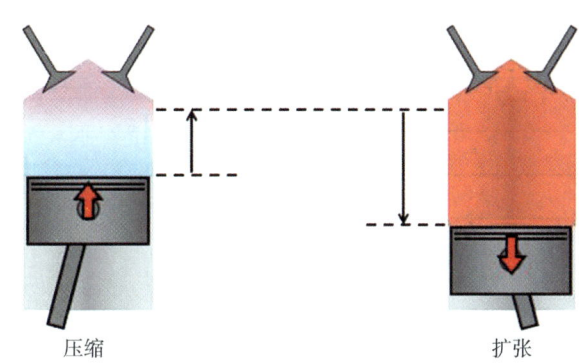

图4.11 阿特金森循环膨胀行程大于压缩行程

阿特金森循环的工作过程与奥拓循环工作过程对比如图4.12所示。

阿特金森发动机也有两个突出缺点：

（1）低速状态下，进气被上行的活塞顶出，进气量不够，动力不足。

（2）高转速状态下，相对较长的膨胀行程会影响转速的攀升，加速也不理想。

但这两个"缺点"却正好可以被混动车型利用，这是因为混动车型在车辆起步阶段，由电动机驱动，电动机低速扭矩大，使车辆快速加速，以此来弥补了阿特金森循环发动机的动力性不足的缺陷，而到了中高速匀速行驶时，阿特金森循环的发动机热效率高，又可以提高燃油的经济性，所以市面上混动车都采用了阿特金森循环发动机。

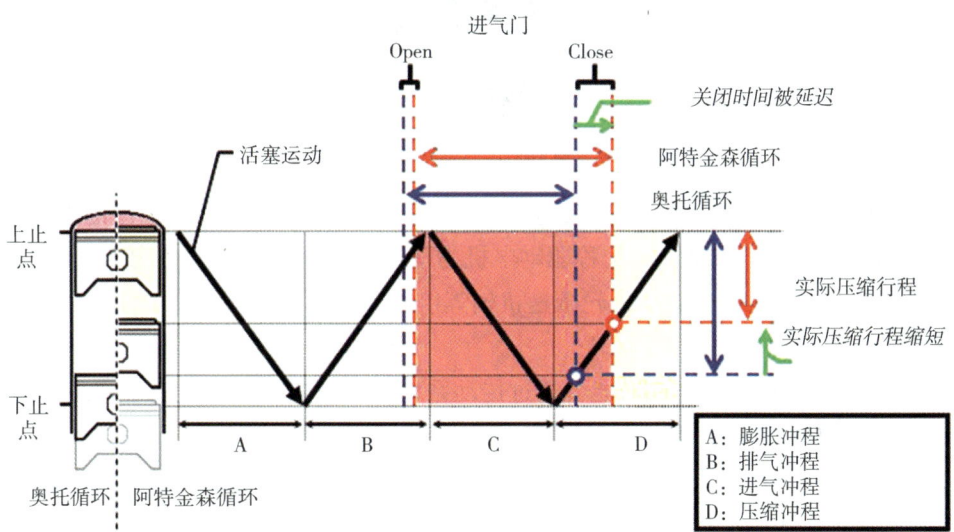

图4.12 阿特金森循环和奥拓循环工作过程

> 什么是阿特金森循环？它和奥拓循环的区别是什么？

2.1.2 混合动力传动桥

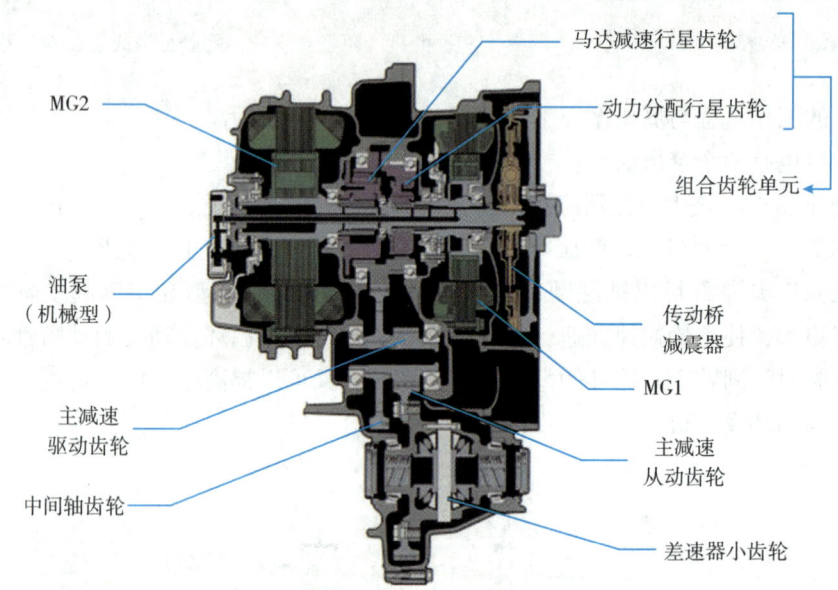

图 4.13 普锐斯 P410 型混合驱动桥

混合动力传动桥包含两个重要部分：驱动电机和发电机。丰田普锐斯车型采用的 P410 混合动力传动桥，将这两个电机称作 MG1 和 MG2，又称驱动电机为马达。如图 4.13 所示，该驱动传动桥由驱动电机 MG2、组合齿轮单元、发电机 MG1、齿轮减速机构等组成。

1. 驱动电机

驱动电机的作用是将电能转化为机械能，通过传动系统输出扭矩。驱动电机可实现变速、变矩以及停止、反转功能。驱动电机的类型众多，有直流电机、交流电机；有永磁电机和励磁电机等不同分类。普锐斯非插电式混合动力汽车采用三相交流永磁同步电机，通过改变三相交流电的频率即可控制电机转速，通过改变相序即可控制电机实现正反转。

2. 发电机

发电机是燃油轿车的必要总成，同样在混合动力轿车中也有十分重要的作用。发电机不仅可以用于动力电池电压不足时的供电和为全车低压电器用电提供电能，在混合驱动工况下，还可以作为主驱动电机的辅助驱动电机使用，补偿扭矩，增强车辆行驶的动力性。

3. 组合齿轮单元

组合齿轮单元类型多样，主要的作用是将来自发动机和驱动电机的扭矩汇集到一起通过齿轮或传动轴将扭矩输出。普锐斯混合动力轿车的组合齿轮单元结构如图4.14所示，由一个动力分配行星齿轮单元、一个马达减速行星齿轮单元以及一个中间轴齿轮（组合齿轮）组成。

动力分配行星齿轮单元是一个单行星齿轮机构，行星齿轮的行星架和发动机曲轴连接，太阳轮和MG1连接，齿圈是中间轴齿轮主动齿轮的内齿圈。

马达减速行星齿轮单元也是一个单行星齿轮机构，行星齿轮的行星架和驱动桥壳体固定在一起，太阳轮和MG2连接，齿圈和中间轴齿轮主动齿轮内啮合，相当于和动力分配行星齿轮单元共用一个齿圈。

中间轴齿轮主动齿轮由两组内啮合齿圈、一组中间轴齿轮和驻车锁止齿轮及齿轮体组成。中间轴齿轮主动齿轮通过内啮合齿轮分别与动力分配行星齿轮单元和马达减速行星齿轮单元的行星齿轮连接，作为他们的公用齿圈。可以根据工况的不同将发动机或者电机单独产生或共同产生的扭矩传递给从动齿轮，在停止制动时，通过锁止机构锁定到驻车锁止齿轮上能够起到驻车制动的作用，如图4.15所示。

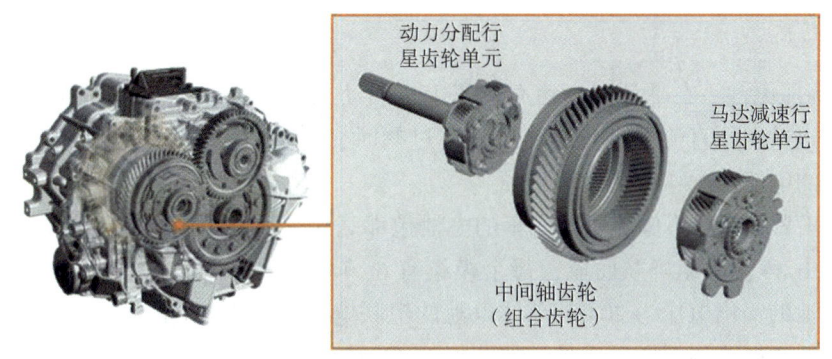

图4.14 组合齿轮单元

图4.15 中间轴齿轮结构

4. 齿轮减速机构

齿轮减速机构从中间轴齿轮到主减速驱动齿轮、主减速从动齿轮再到差速器进行减速增矩。在减速的过程中，传动比是固定的，不需要像燃油轿车一样通过手动或自动变速器进行换档变速操作。

丰田普锐斯车型的 P410 混合动力传动桥有几个电机？它们分别有什么作用？

2.1.3 HV 电池

HV 电池又称高压电池，在部分混合动力汽车中也叫动力电池包。HV 电池的作用是在车辆行驶式，为驱动电机的运转提供高压直流电；在发动机功率过剩时，存储由发电机产生的电能；在车辆制动时，回收制动回馈产生的电能。

丰田普锐斯的 HV 电池并不像纯电动汽车的电池包那么大，充满电时能够存储的电能也较少。它采用镍氢电池，内部由 34 个模组串联而成，每个模组有 6 节单体镍氢电池，每节单体电池的标称电压为 1.2V。因此 HV 电池的输出电压为 204 节单体电池的串联电压，共 244.8V。HV 电池安装在车辆的后排座椅下方，打开后备厢拆下隔板即可看见，如图 4.16 所示。

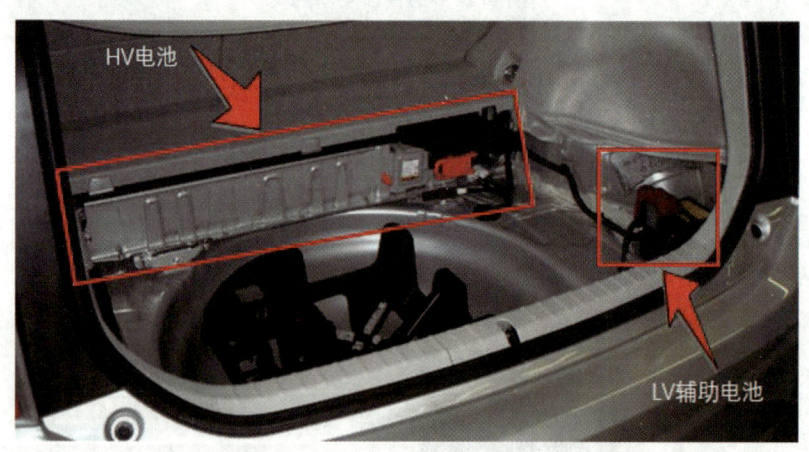

图 4.16 HV 电池在车辆上的布置

HV 电池除了为电机驱动提供电能，还为 DC/DC 变换器和电动压缩机等高压用电设备提供电能。如图 4.17 所示，是 HV 电池供电线路图。

HV 电池被封装在电池包壳体内，在电池包内部分布有电池模组、电池智能单元、高压接线盒及电池冷却风扇等部件。HV 电池的高压直流电并不是直接输出的，而是要经过高压接线盒进行配电。高压接线盒内部是负责正极和负极通断的接触器。另外，在电池包外侧还有一个服务插销（部分厂家也称作维修开关），它串联在电池模组中，当服务插销拔下时能够切断动力电池内部连接，从而中断电池对外高压输出，起到安全保护的作用。

普锐斯的 HV 电池采用风冷式冷却系统，由冷却风扇将电池包外部的空气吹入电池冷却通道中，带走电池工作时在内部集聚的热量，提高电池的工作效率。为了更好地对电池温度进行控制，越来越多的新能源汽车电池采用水冷式冷却系统，有的还将电池冷却液流经空调制冷系统，经过二次降温，起到了良好的冷却效果。如图 4.18 所示是丰田普锐斯的 HV 电池内部构造图。

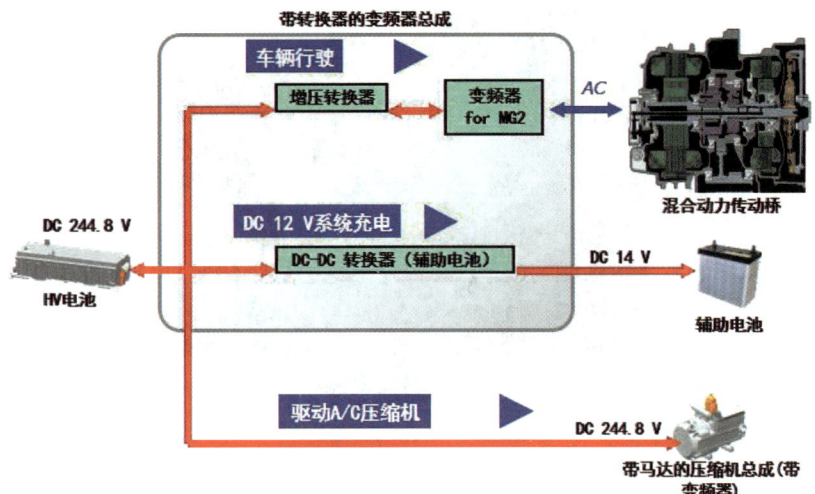

图 4.17　HV 电池高压供电关系

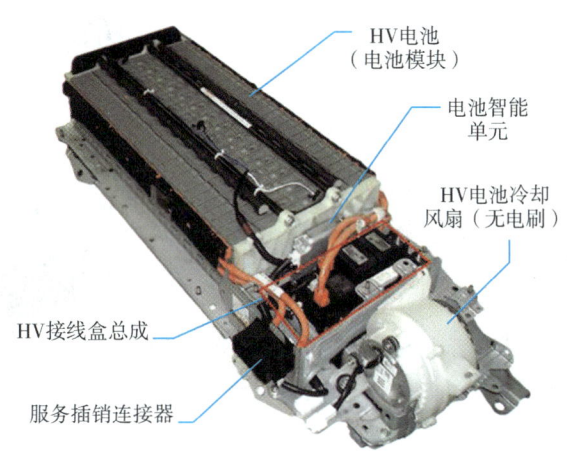

图 4.18　普锐斯 HV 电池内部构造

> 混合动力汽车的动力电池的布置特点是什么？纯电模式下的续航里程和纯电动汽车的续航里程相比有何缺点？

2.1.4　变频器总成（图 4.19）

动力电池可以输出直流的高压电，而驱动电机多采用交流电机，因此，需要一个能够将直流电变换成交流电的装置。变频器就具有这样的功能，动力电池为变频器提供高压直流电，经过内部的功率变换模块将直流电转换成三相交流电，供电机使用。在有些混合动力汽车中，还将变频器称为电机控制器，通过它可以控制电机的转速、转向，控制电机加速、减速、停车等（图 4.20）。

图 4.19 变频器总成

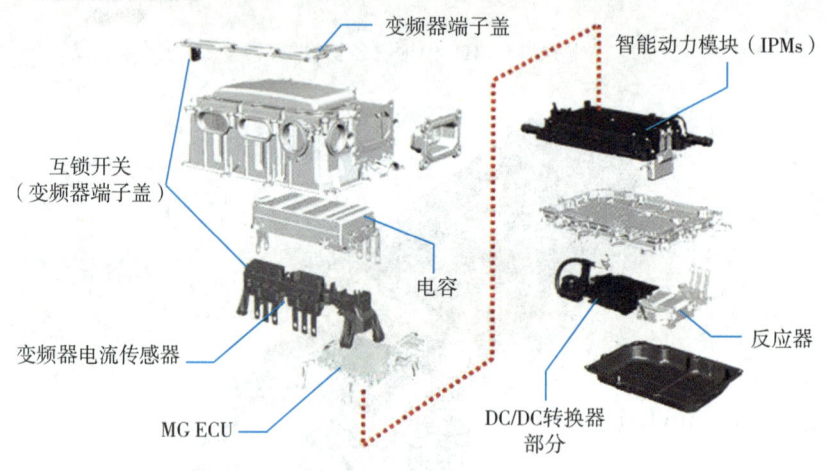

图 4.20 变频器结构图

2.1.5 压缩机

空调是提高汽车舒适性能的必备装置，在混合动力汽车上也不例外。所不同的是，空调的核心原件——压缩机的驱动方式在燃油发动机汽车和电动汽车上是不同的。电动汽车的压缩机不再依靠发动机驱动，而是由高压电驱动，因此，它被赋予一个新的名称——电动压缩机。

电动压缩机转子和一个交流电机组装在一起，当交流电机运转时也带动压缩机转子运转，从而驱动制冷剂在空调系统内循环进行制冷（图 4.21）。

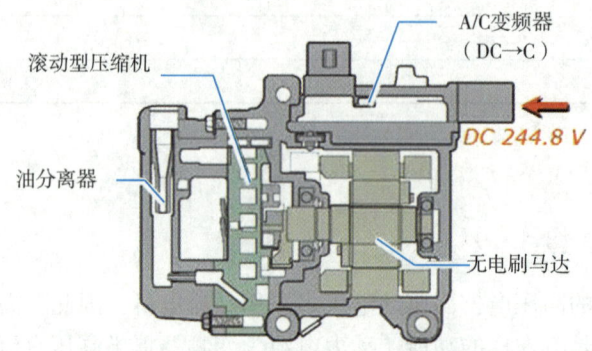

图 4.21 ES14 带马达的滚动型压缩机

2.1.6 动力电池控制单元组

动力电池控制单元组具有检测电池单体电压、电池温度、检测充放电电流、计算电池包荷电状态、控制接触器通断等功能,是至关重要的电子控制单元。普锐斯的动力电池控制单元安装具体的分析请参考本书工作原理部分和项目六部分。

2.2 插电式混合动力汽车结构

以比亚迪秦轿车为例,插电式混合动力汽车在结构组成上除一般车辆所需的底盘外,由发动机、驱动电机、电池组、逆变器、变速箱总成、充电器、充电座等组成,如图4.22所示。比亚迪秦混动型轿车第一代和第二代的区别在于,第二代仅采用了一个驱动电机但通过双离合器将电机和发动机的扭矩集成输出。

导学视频

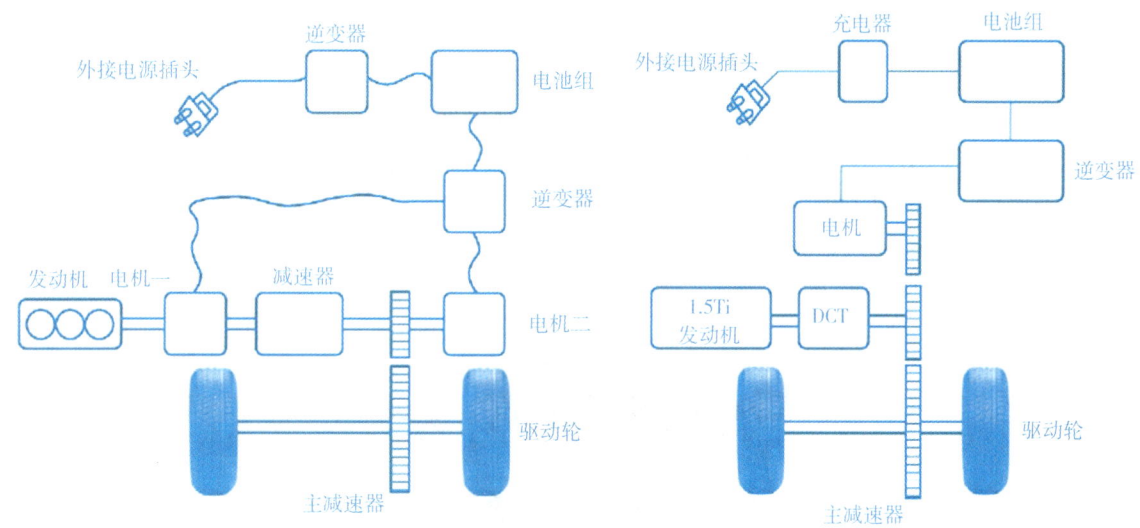

图 4.22 比亚迪秦 DM-I 和 DM-II 系统组成

2.2.1 发动机

比亚迪秦 DM-II 系统搭载比亚迪自主研发的476ZQA发动机,该发动机排量1.5L带废气涡轮增压,最大扭矩在发动机转速5 200rpm 时可达113kW,最大扭矩为240N·m。发动机布置在车辆前舱,输出轴与双离合器相连,可在混合动力工况及纯油工况时为车辆驱动提供动力(图4.23)。

2.2.2 驱动电机

和非插电式混合动力汽车一样,插电式混合动力汽车也装配有驱动电机。该电机可在纯电模式下单独运行,为车辆行驶提供动力,也可在混动模式下和发动机共同驱动车辆行驶。秦所配置的驱动电机为永磁同步电机,最高功率113kW,最大扭矩可达200 N·m。电机转子和变速箱总成内双离合器相连,与发动机共同驱动车辆。驱动电机采用水冷方式进行冷却,在其壳体内有冷却水道(图4.24)。

图 4.23 比亚迪秦 476ZQA 涡轮增压发动机

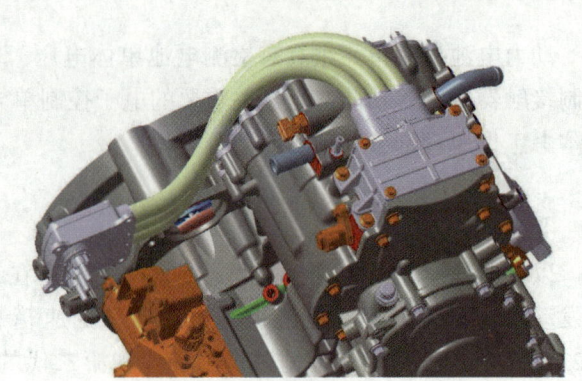
图 4.24 比亚迪秦驱动电机

2.2.3 电池组

电池组是插电式混合动力汽车的关键部件之一，它能够保证车辆在无油状态下行驶一定的距离。因此和非插电式相比，PHEV 的动力电池组充满电后能够存储更多的电量。秦的电池组如图 4.25 所示，安装在车辆后排座椅与后备厢之间，充分地利用了车辆空间。电池组共有 10 个模组组成，各模组内部的单体电池数量不等，单体电池总数为 152 节，单体电池为磷酸铁锂电池，单体电压 3.3V，电池总电压为 501.6V，满电状态下可储电能 26kW·h。

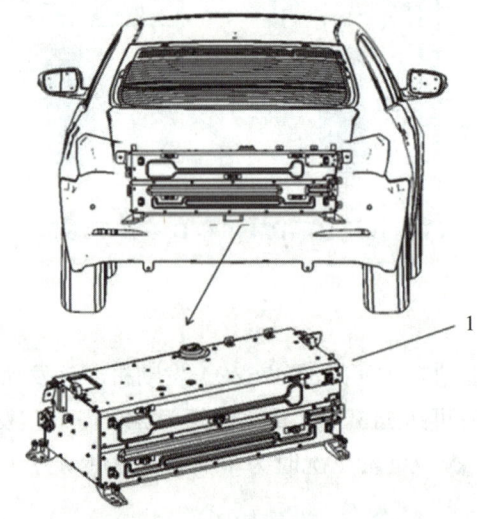
图 4.25 比亚迪秦电池组安装位置

电池组和纯电动汽车安装位置不同，不再安装在底盘最下方，因此，在车辆设计时，底盘不需设计的太高。在动力电池 pack 技术上，也没有严格的密封要求，对防水性能要求较低，因此在拆装时，比较方便。

比亚迪秦的动力电池组安装位置在哪？

2.2.4 逆变器

和纯电动汽车、非插电式混合动力汽车一样，逆变器也是必备总成，它将动力电池的直流电转换成三相交流电供给电机使用。比亚迪秦的逆变器安装在车辆前舱，和电机距离较近，离动力电池包距离远（图4.26）。在连接上，直流母线通过橙色高压线束经车辆地板连接至位于动力电池包上方的高压配电盒中，三相交流线束直接从前舱与电机接线柱连接。

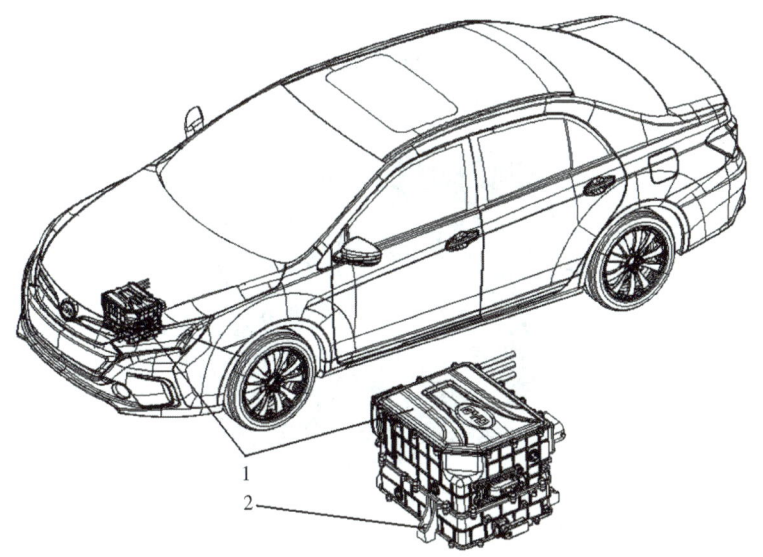

图 4.26 比亚迪秦逆变器在车上的安装位置
1—电机控制器与DC/DC总成；2—电机控制器固定螺栓

根据实车查找比亚迪秦的电机控制器，它的布置方式有何特点？

2.2.5 变速箱总成

变速箱总成（图 4.27）的作用是将发动机和驱动电机的转速、扭矩转换成单一输出的元件。比亚迪秦采用 6HDT35 变速箱总成，具有以下特点：

1. 优点

（1）瞬时传动比恒定：可按需要设计其值。

（2）传动平稳且传动比范围大，可用于增速和减速。

（3）传动效率高（高达 99% 以上）。

（4）传动可分性：在中心距的小范围变化时可保证定传动比传动。

（5）结构紧凑，易于布置。

2. 缺点

（1）制造成本高。

（2）加工精度高，低精度传动噪音高。

（3）无过载保护措施。

3. 传动比相关

（1）传动比是变速比也是变矩比，增速降矩，降速则增矩。

（2）变速器齿轮传动的传动比（所有从动齿轮齿数的连乘积/所有主动齿轮齿数的连乘积），即总传动比为输入轴主动齿轮到主减速从动齿轮的传动比。

图 4.27　6HDT35 变速箱总成

比亚迪秦采用双离合器变速箱，查找相关资料，根据所学专业，谈谈你对双离合器的认识。

_____
_____
_____

2.2.6 充电器和充电座

充电器，又称车载充电器（On Board Charger，OBC）。拥有车载充电器是 PHEV 和 HEV 的最大区别。当电池组电量不足时，不仅可以通过发动机带动发电机为电池组充电，还可以通过外接电源经过车载充电器为电池组补足能量。需要指出的是，目前，市场上的插电式混合动力汽车在充电时均采用交流充电，因此，充电座在设计时只有一个，供交流充电电枪插入。

充电座（或充电口）安装在后备厢盖上，通过高压线束和 OBC 连接，当充电枪正确插好后，车辆即可充电。如图 4.28 所示展示了车载充电器、交流充电口在车辆上的布置情况。

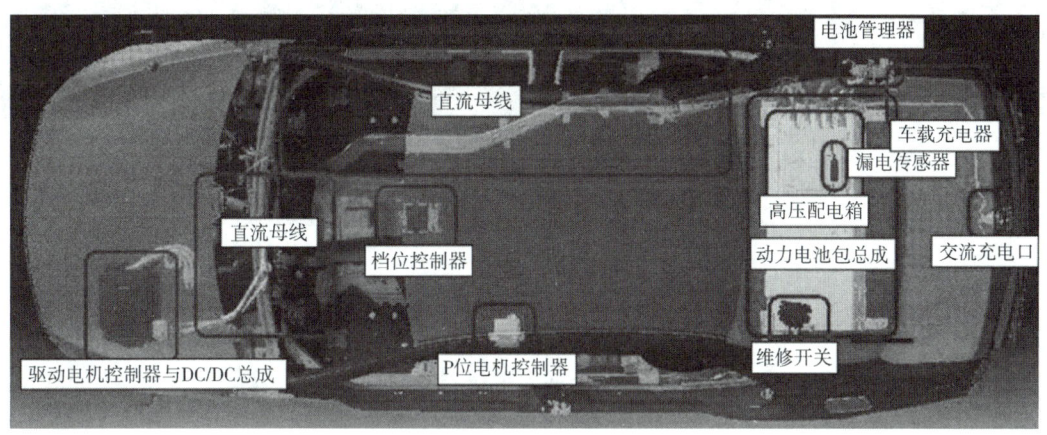

图 4.28 比亚迪秦全车高压部件布局图

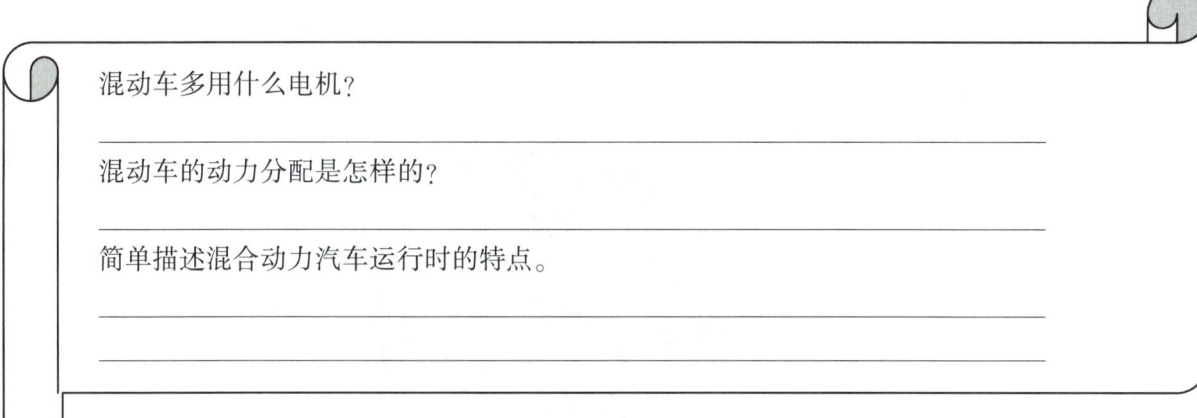

混动车多用什么电机？

混动车的动力分配是怎样的？

简单描述混合动力汽车运行时的特点。

任务实施

1. 混合动力汽车结构认知 1

（1）根据指定车型（比亚迪秦），找出其动力电池包、高压配电盒、电机及其控制系统。

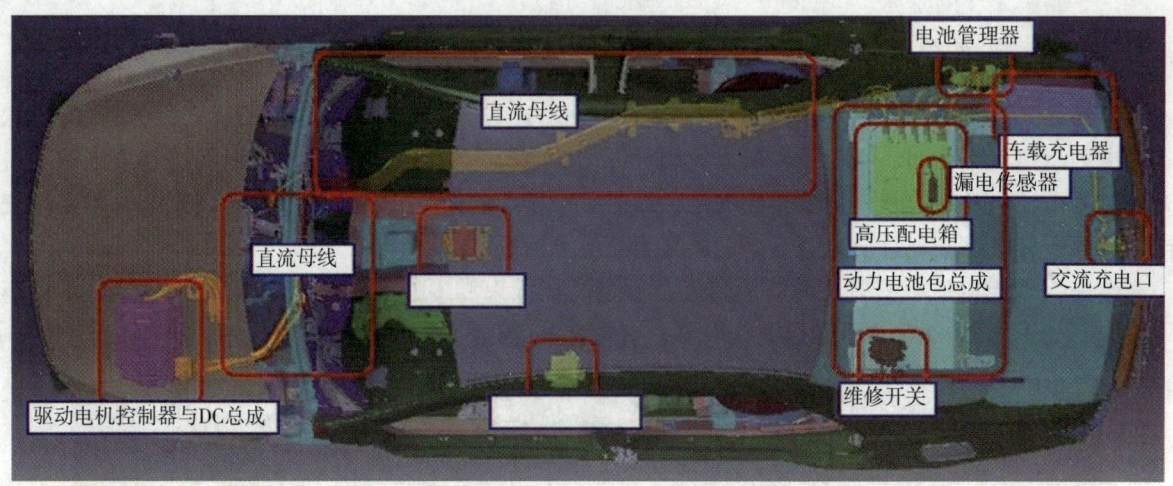

图 4.29

（2）思考比亚迪秦动力电池的充电方式是那种，为何采用该种充电方式。

（3）比亚迪秦的发动机布置在前舱，对电机的布置有何影响？

2. 混合动力汽车结构认知 2

（1）根据指定车型（丰田普锐斯），找出其动力电池包、高压配电盒、电机及其控制系统。

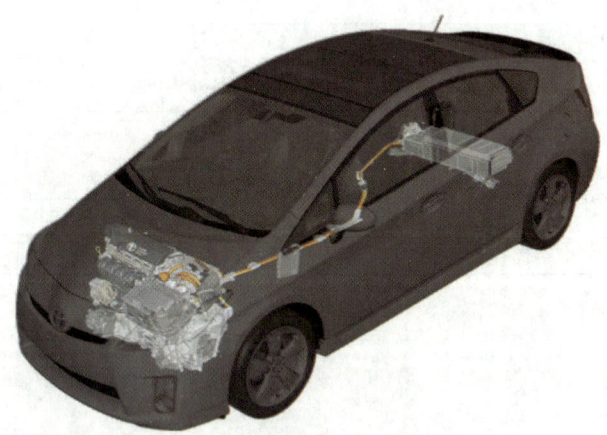

图 4.30

（2）丰田普锐斯的动力电池是哪种类型，有何特点。在冷却方式上是哪种冷却方式？

（3）丰田普锐斯的充电系统在哪里？有何特点？

任务 3　混合动力汽车的工作原理

思政教育

了解科学技术对社会发展的重要性，并激发他们对科技创新的兴趣和热情。让学生意识到环境保护、可持续发展、能源管理与节约以及科学技术创新的重要性。重视学生的综合素养与全面发展，培养他们相应的意识、能力和素养，形成正确的人生观、价值观和世界观，为他们的未来发展奠定坚实的思想基础。

任务导言

混合动力汽车的起动、行驶、充电和纯电动汽车、燃油轿车既有相似之处，又有诸多不同。混合动力汽车在行驶过程中，控制的方法随工况变化多端。了解混合动力汽车的工作原理，对学习维修、诊断将产生十分重要的帮助。

任务学习知识要求

1. 理解混合动力汽车电池包工作原理；
2. 了解混合动力汽车高压配电箱工作原理；
3. 理解混合驱动装置的工作原理和控制策略。

任务学习技能要求

1. 掌握比亚迪秦混合动力汽车动力电池的结构原理；
2. 掌握比亚迪和丰田混合动力工作原理的策略分析。

任务学习重点、难点

1. 重点：比亚迪秦 DM-Ⅱ的工作原理；丰田普锐斯 THS-Ⅱ的工作原理。
2. 难点：丰田普锐斯 THS-Ⅱ的工作原理。

任务学习所需设备、器材

1. 绝缘手套、绝缘鞋、绝缘垫、护目镜、防护栏；
2. 比亚迪秦、普锐斯混合动力汽车教学台架；
3. 虚拟仿真软件。

任务学习

3.1　动力电池包的工作原理

动力电池包和纯电电动汽车一样，都是电动汽车的主电源。电池包的电能并不能直接送到用电设备，而是通过电池管理系统控制着电池包内部的接触器、正负极接触器等开关元件，决定动力电池包是否对外输出电压。同时，直流电要经过高压配电后才能到达用电设备。

3.1.1 工作电压

电池包由若干模组串联或并联而成，模组由若干单体电池串联或并联而成。目前市场上大多数车型是采用串联形式成组。

以比亚迪秦为例，电池包内的 10 个模组串联而成，如图 4.31 所示，1 号模组的负极是电池包的负极，10 号模组的正极是电池包的正极。

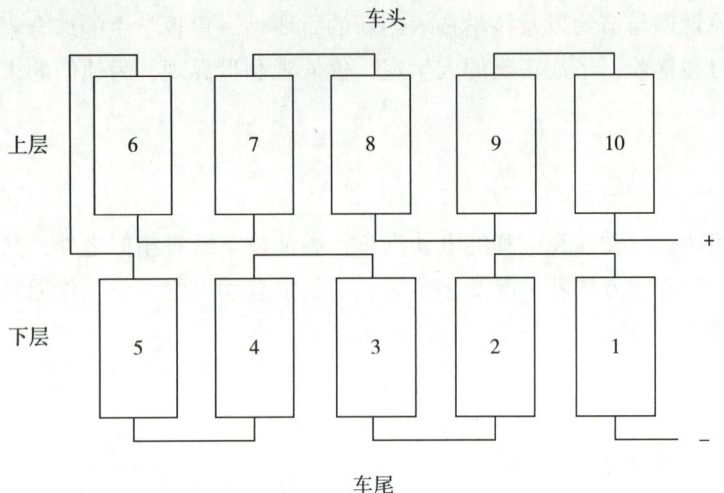

图 4.31 比亚迪秦混动汽车电池包模组

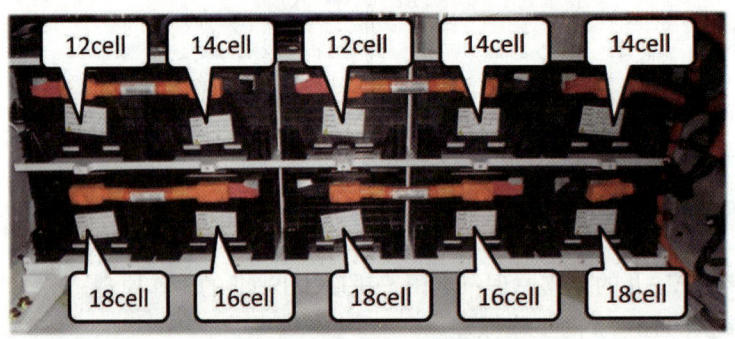

图 4.32 电池模组内的单体电池数

电池包内部有分压接触器，当分压接触器未闭合时，电池包正负极并不输出电压；当 BMS 控制分压接触器全部闭合后，电池包内部才接通，能够后在正负极会有电压输出。

> 学习与思考：某动力电池包有 8 个模组串联，每个模组内均有 10 个单体电池串联，若单体电池的电压是 3.2V，电池容量是 26Ah，试计算该电池包的端电压和电池电量。

3.1.2 电池信息

电池信息主要包括单体电池的电压、电池的温度、电池工作时的电流大小以及电池的剩余电量,该部分内容在项目三中已有介绍。需要指出的是,电池信息的采集有 BMS 直接采集和 BIC(Battery Information Collector,电池信息采集器)分布式采集。比亚迪秦的 10 个模组每个均配置有一个 BIC,BIC 采集、监控对应模组内部的温度、单体电压等信息,通过动力 CAN 传输至 BMS,由 BMS 集中处理和计算相关电池信息。如图 4.33 所示是 BIC 的电池信息采样线,如图 4.34 所示是所有模组信息采集后传输到 BMS 的线束插接件。

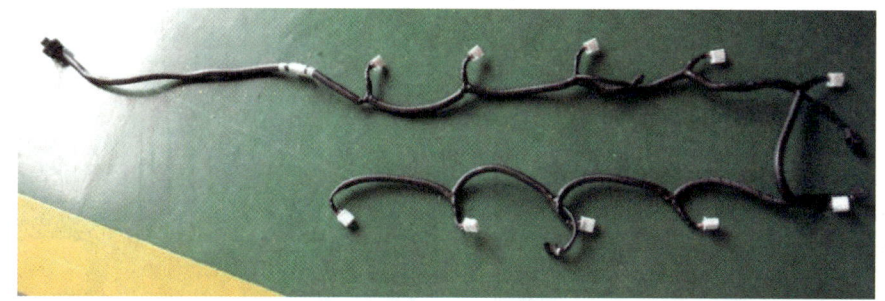

图 4.33 电池信息采样线

图 4.34 集中采样线束插接头

3.1.3 维修开关

动力电池能够正常工作还要求维修开关安装牢靠。维修开关是串联在动力电池包中,如果它没有完好安装,则对动力电池工作有两方面的影响。一是维修开关主触点串联在电池本内部,安装不到位相当于电池包内部断路,导致外部电压为零;二是维修开关上有一低压导线串联在高压互锁回路中,未安装好会使该低压导线阻断高压互锁监测回路,BMS 监测到后不会控制分压接触器闭合,这样也导致外部电压为零(图 4.35、图 4.36)。

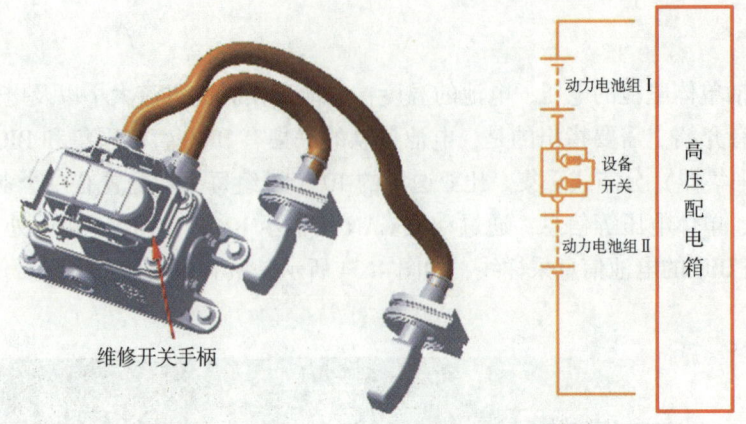

图 4.35 维修开关及其在电池包中的位置

图 4.36 维修开关互锁监测开关的通断状态

3.2 高压配电箱工作原理

和纯电动汽车一样，混合动力汽车的高压配电箱也是用于分配动力电池包高压电的。动力电池包的正负极与高压配电箱通过高压线束连接，高压配电箱内部有控制电路通断的接触器，这些接触器的通断能够完成为电机控制器、电动空调及 DC/DC 的供电，也可以完成车载充电器对电池包的充电。如图4.37 所示是高压配电箱和其他高压部件、控制器的连接框图。

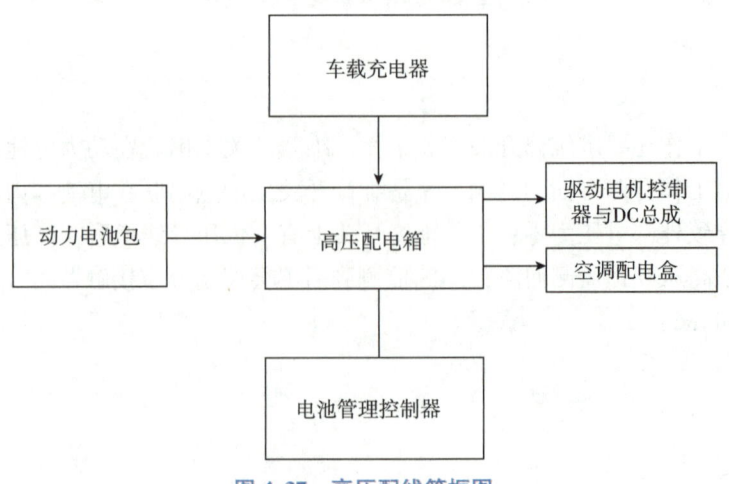

图 4.37 高压配线箱框图

以比亚迪秦为例,在配电箱外部,留有高压线束接插端子,分别对应连接到空调配电盒、车载充电器、电池包正极、电池包负极、电机控制器负极和正极,如图4.38所示。在配电盒内部,有控制电池包对外放电的预充接触器、正极接触器和负极接触器,有空调接触器、充电接触器,还有主电路保险和霍尔电流传感器等,如图4.39所示。

图4.38　高压配电盒外观

图4.39　高压配电盒内部

1—空调接触器；2—主电路保险；3—预充接触器；
4—正极接触器；5—充电接触器；6—负极接触器；
7—霍尔电流传感器

高压配电箱上有低压接插件,通过低压线束与电池管理系统相连。电池管理系统控制高压配电箱内的接触器的通断,从而使高压元件获得高压工作或断开高压电停止工作。如图4.40所示是高压配电箱和电池管理系统的电路。

新能源汽车概论

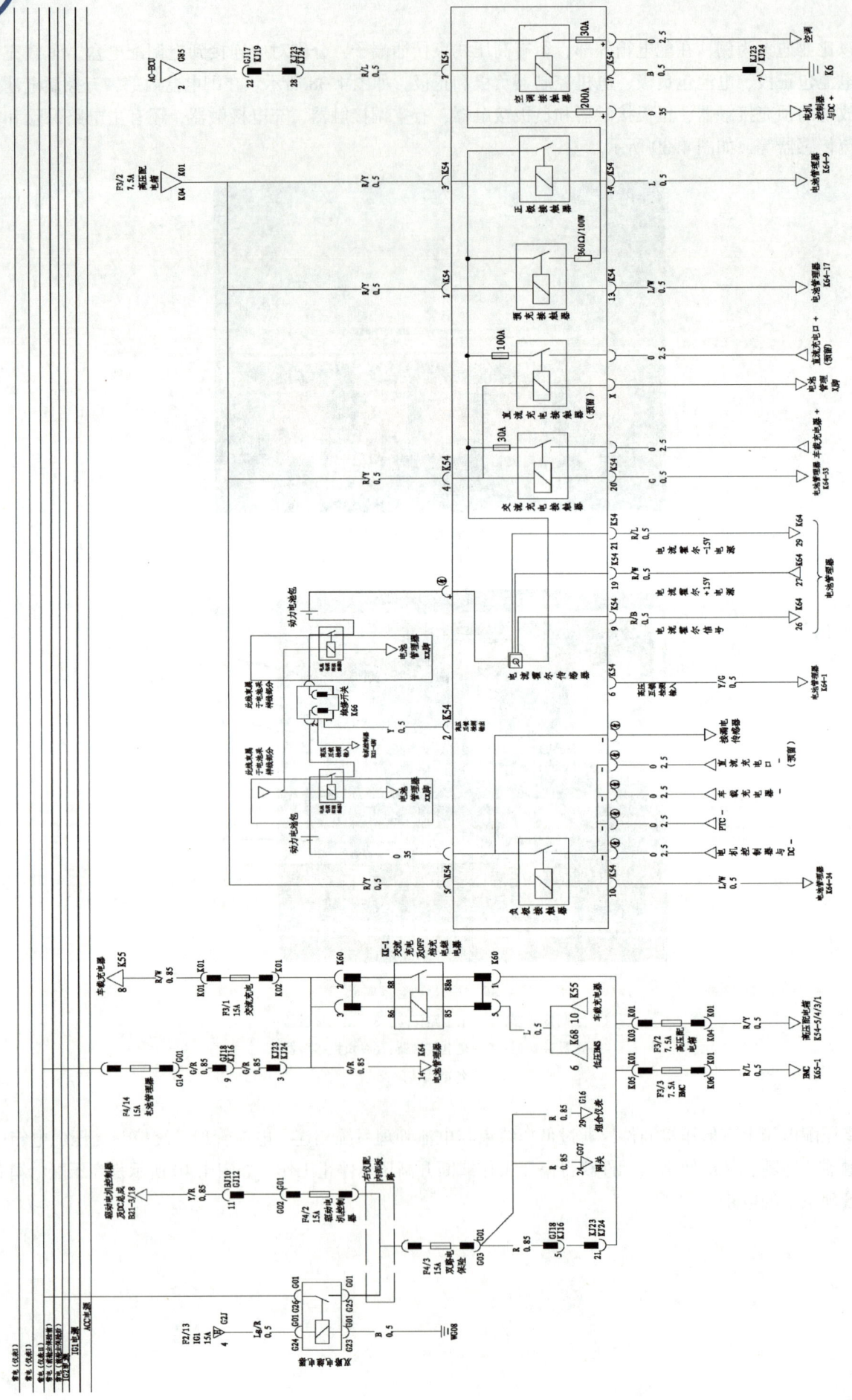

图4.40 高压配电箱与电池管理系统控制电路

3.3 混合驱动装置的工作原理

3.3.1 比亚迪秦 DM-Ⅱ工作原理

比亚迪秦所采用的双擎双模即 DM-Ⅱ代技术，是在比亚迪第一款双模电动车 F3DM 的 DM-Ⅰ代技术上全面整合，提升关键部件性能的基础上研发而成。DM 二代技术特点如下：

（1）整车性能对电池依赖小，增加 6 速变速箱，对发动机工作区域调节能力更强。

（2）高转速电机、高电压方案，效率更优。

（3）有超强的动力性。

（4）高压系统损坏，车辆仍能正常行驶。

比亚迪秦 DM-Ⅱ技术既可以实现混合动力驱动，还能够实现纯电动驱动、能量回馈等形式驱动，具体有以下五种情况。

1. EV 纯电动模式

与 DM 一代相同，纯电动工作模式下，动力电池提供电能，供电机驱动车辆，可以满足各种工况行驶，如：起步、倒车、怠速、急加速、匀速行驶等。如图 4.41 所示（绿色箭头表示能量及动力传递路径，下同）。

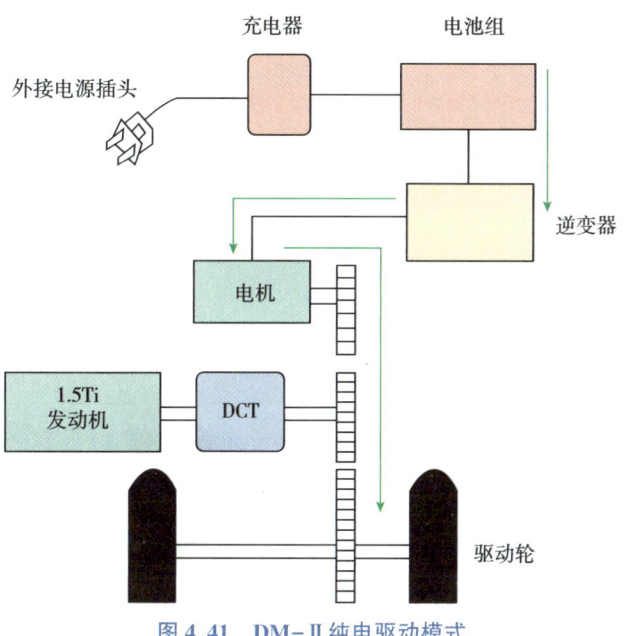

图 4.41　DM-Ⅱ纯电驱动模式

2. HEV 稳定发电模式

当电量不足时，系统从 EV 模式自行切换到 HEV 模式，使用发动机驱动，在车辆以较稳定的速度行驶时，发动机输出的一部分扭矩会驱动电机进行发电，对动力电池进行充电。如图 4.42 所示。

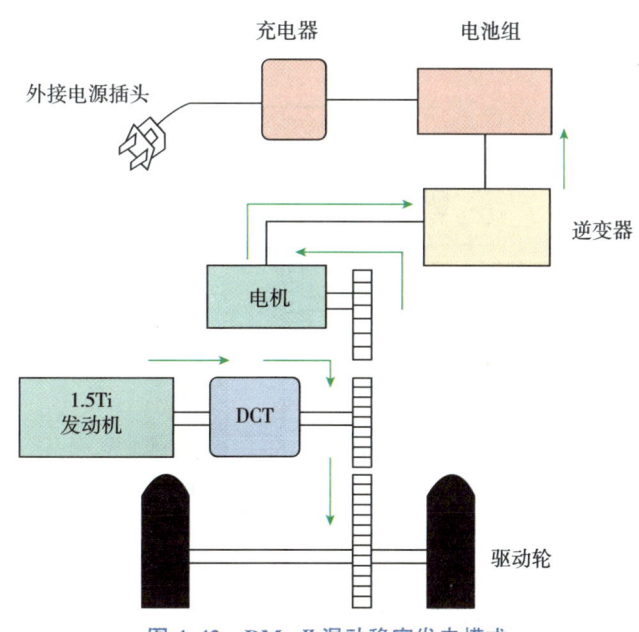

图 4.42　DM-Ⅱ混动稳定发电模式

3. HEV 混动模式

当用户从 EV 模式切换到 HEV 模式后，车辆由发动机和电机共同驱动，实现了最佳的动力性，但仍能保证混合动力系统具有良好的经济性（图 4.43）。

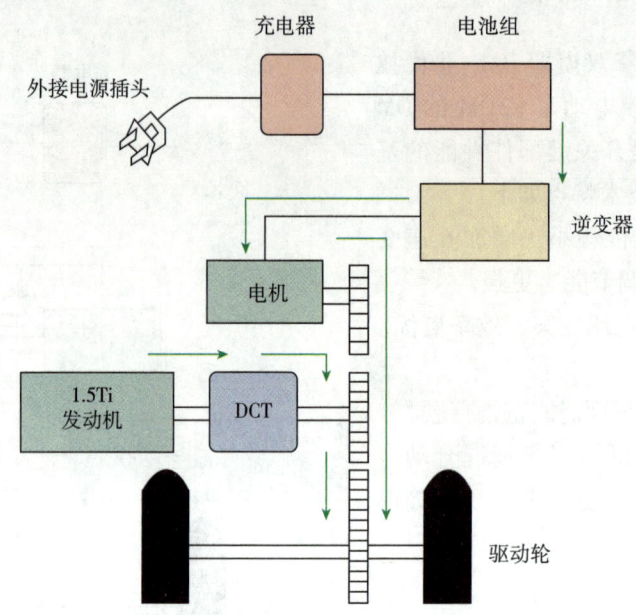

图 4.43　DM-Ⅱ的 HEV 混合驱动模式

4. HEV 燃油驱动模式

当电量不足或高压系统故障时，可单独使用发动机驱动，实现了高压系统的独立性。动力由发动机输出，经过双离合器、减速器到驱动轴，如图 4.44 所示。

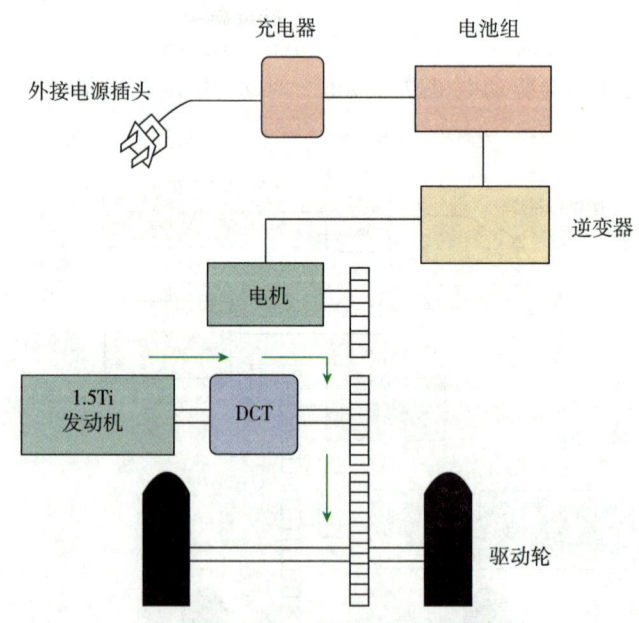

图 4.44　DM-Ⅱ混动然后驱动模式

5. 能量回馈工作模式

与 DMⅠ代一样，DMⅡ代在车辆减速时，电机不再作为驱动元件，而是作为发动机使用，将车辆需要降低的动能转化为电能储存在动力电池内，如图 4.45 所示，驱动轮反拖减速器带动电机发电，通过逆变器（此时当作整流器用）将电能传输至动力电池组内。

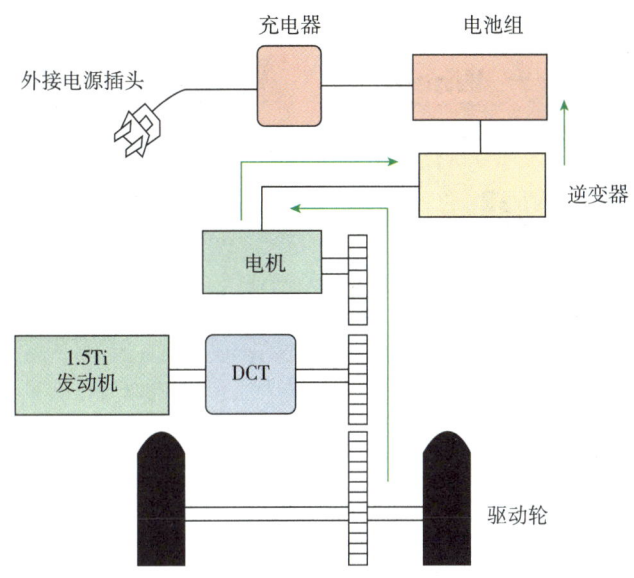

图 4.45　DM-Ⅱ能量回馈模式

3.3.2　丰田 THS-Ⅱ工作原理

丰田汽车公司的 THS-Ⅱ已广泛应用于普锐斯、雷凌双擎等车型中，是目前最具代表的混合动力驱动技术。THS-Ⅱ的混合驱动桥前面已有介绍，它使用发动机和 MG2 提供的两种动力，并使用 MG1 作为发电机。系统根据各种车辆行驶状态优化组合这两种动力。HV ECU 始终监视 SOC 状态、蓄电池温度、水温和电载荷状况。THS-Ⅱ的结构简图如图 4.46 所示。

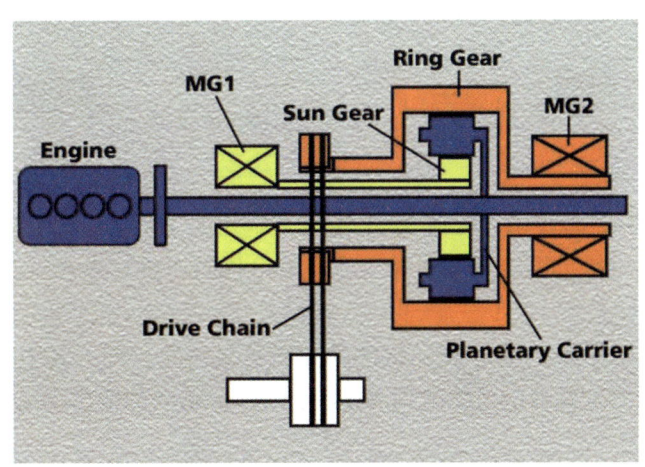

图 4.46　THS-Ⅱ的结构简图

下面以普锐斯轿车为例，介绍 THS-Ⅱ系统的工作原理。

1. READY 指示灯打开

在 READY 指示灯打开，车辆处于 P 档或车辆倒车时，如果监视项目不满足条件（水温、SOC、蓄电池温度、电载荷状态），则 HV ECU 发出指令起动发动机驱动 MG1 并为 HV 蓄电池充电。

（1）发动机起动。MG1 作为起动机来起动发动机。同时，电流也流进 MG2，防止齿圈转动。这个功能叫作"反作用制动"。如图 4.47 所示。

（2）发动机起动后怠速。MG1 启动发动机后，发动机处于怠速状态，驱动 MG1 发电并给 HV 电池充电。如图 4.48 所示。

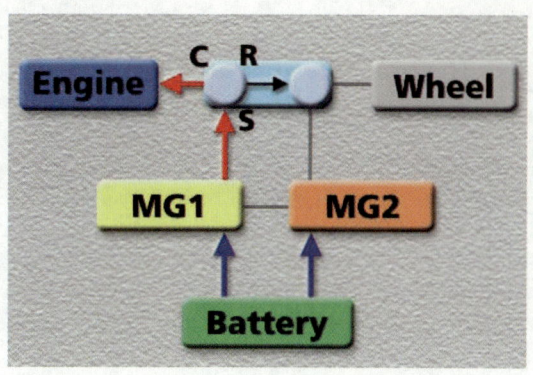
图4.47 发动机起动状态

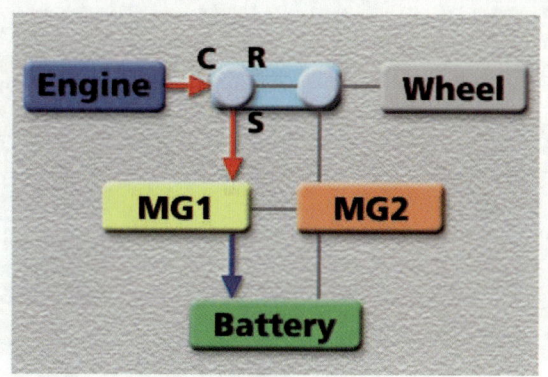
图4.48 发动机怠速状态

2. 车辆起步

车辆起步后，车辆仅由MG2驱动。当车辆在小负荷/慢加速时只使用MG2驱动车辆起步。此时发动机保持停止状态，MG1以反方向旋转而不发电。如图4.49所示。

当需要更多的动力时，MG1将起动发动机。同样，如果HV ECU监视的任何项目如SOC状态、蓄电池温度、水温和电载荷状态与规定值有偏差，MG1将被起动，进而起动发动机。如图4.50所示。

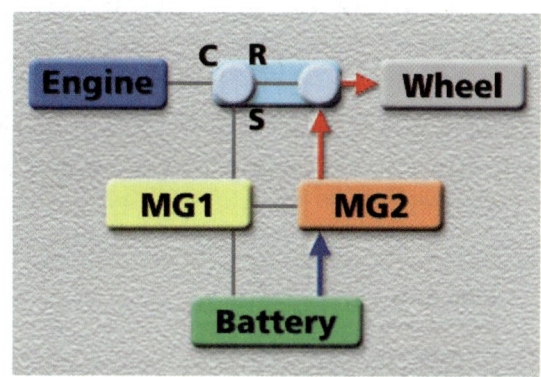
图4.49 小负荷行驶状态

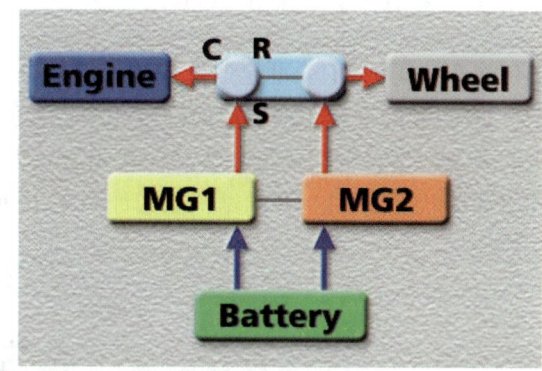
图4.50 MG1起动发动机

已经起动的发动机其中一部分动力将使MG1作为发电机为HV蓄电池充电。如果需要增加驱动扭矩，变频器将MG1输出的电能提供给MG2，转变为"发电机微加速"模式。如图4.51所示。

3. 发动机微加速时

在轻负荷下加速（节气门开度小），发动机的动力由行星齿轮分配。其中一部分动力直接输出，剩余动力用于MG1发电。通过变频器电力输送到MG2用于作为MG2的输出动力。如图4.52所示。

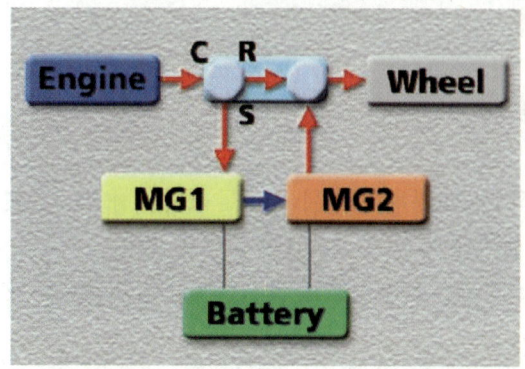
图4.51 MG1"发电机微加速"模式

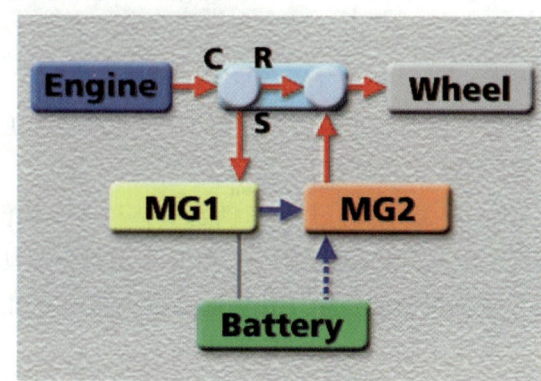
图4.52 发动机微加速模式

4. 在重负荷下加速（节气门全开）

车辆从低载荷巡航转换为节气门全开加速模式时，系统将在保持 MG2 动力的基础上，增加 HV 蓄电池的电动力。在加速期间 MG2 提供附加的驱动力补充发动机动力。MG1 产生的电流供给 MG2，HV 电池也会根据加速的程度给 MG2 提供电流。如图 4.53 所示。

5. 减速

实际工况中包括：D 档减速、B 档减速、制动减速三种减速工况。

（1）减速（D 档）。松开加速踏板，车辆以 D 档减速行驶时，发动机停止工作，动力为零。这时，车轮驱动 MG2，使 MG2 作为发电机运行并为 HV 蓄电池充电。车辆从较高速度开始减速时，发动机以预定速度继续工作保护行星齿轮组（图 4.54）。

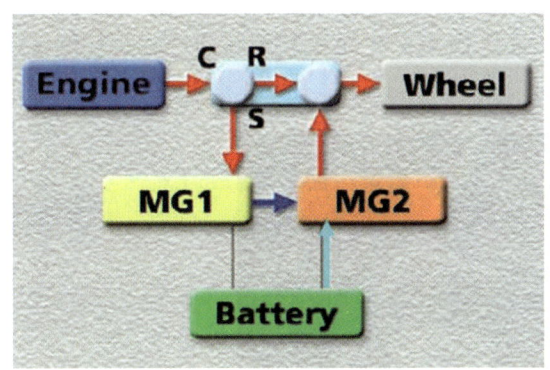

图 4.53 大负荷工作状态

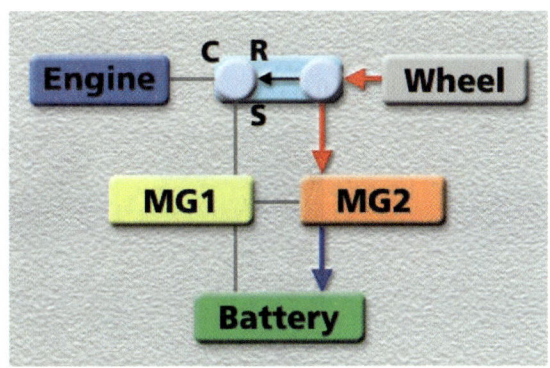

图 4.54 D 档减速状态

（2）减速（B 档）。车辆以 B 档减速行驶时，车轮驱动 MG2，使 MG2 作为发电机工作为 HV 蓄电池及 MG1 供电。这样，MG1 保持发动机转速，使其产生发动机制动。此时，发动机燃油供给被切断（图 4.55）。

（3）制动减速时。如果驾驶员踩下制动踏板，制动防滑控制 ECU 计算所需的再生制动并发送信号到 HV ECU。接收到信号后，HV ECU 在符合所需再生制动力的范围内增加再生动力。这样，可以控制 MG2 产生充电的电量。如图 4.56 所示。

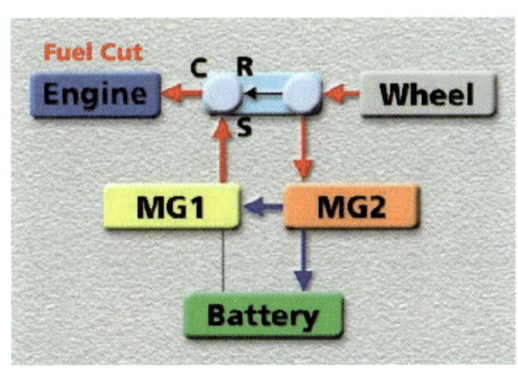

图 4.55 B 档减速状态

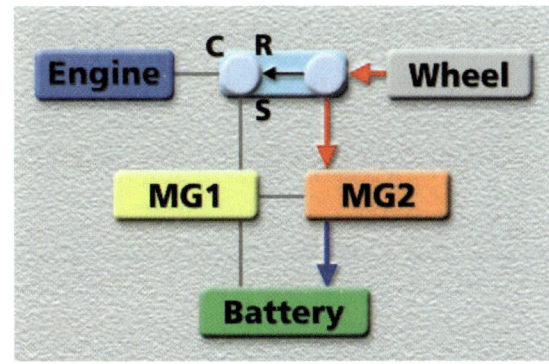

图 4.56 制动减速状态

6. 倒车

分为 SOC 正常和 SOC 不正常两种状况。在 SOC 正常状态下，只用 MG2 作为倒车动力，发动机在车辆倒车时不工作。在 SOC 不正常状态下，如果 HV ECU 监视的任何项目如 SOC 状态、蓄电池温度、水温和电载荷状态与规定值有偏差，MG1 将被起动进而起动发动机。正常倒车状态下，和小负荷行驶状态功率流一致，如图 4.57 所示。

3.4 模式控制

一般来说，混合动力汽车的行驶模式有三种：纯电模式、发动机模式和油电混合模式。

当车辆启动时，起步加速阶段车辆需要大扭矩以提高加速性能，而纯电动模式下，只有电机产生驱动力。根据电机转速、功率和扭矩的关系式，此时电机的转速很低，可以产生较大的扭矩，加快了车辆的起步加速能力。

当车辆行驶后，随着电机的转速提高，扭矩会随着降低。转速高到某个限值时，电机的扭矩无法克服行驶阻力矩。因此，发动机参与，通过发动机的扭矩和电机扭矩共同驱动是必然趋势。以比亚迪秦为例，当切换成混动模式时，电机的扭矩和发动机的扭矩通过 DCT 双离合器，共同驱动车辆行驶。

当车辆高压系统出现故障，例如：电池电压过低而无法继续提供高压电时，则可以使用发动机模式。此时高压系统无电，发动机启动产生扭矩，独立地通过 DCT 产生扭矩驱动车型行驶。如图 4.57 所示为比亚迪秦混动轿车的行驶模式切换开关。

图 4.57　混合动力汽车模式切换开关

比亚迪秦混合动力汽车的行驶状态有几种？
_____

THS-Ⅱ系统的行驶状态有几种？各部件之间机械能（或电能）如何传输的？
_____

任务实施

1. 混合动力汽车原理分析 1

（1）根据指定车型（比亚迪秦），请分析在混合动力系统工作时，有几种模式。

（2）双离合器系统是如何将发动机和驱动电机的动力匹配的，试分析说明。

（3）比亚迪秦动力系统的电机有几个，分别有什么作用？

2. 混合动力汽车原理分析 2
（1）根据指定车型（丰田普锐斯），请分析在混合动力系统工作时，有几种模式。

（2）丰田普锐斯的 P410 混合动力传动桥是如何将驱动电机和发动机的动机进行匹配的？试分析说明。

（3）丰田普锐斯动力系统的电机有几个，分别有什么作用？

燃料电池电动汽车结构原理

项目 5

项目导言

燃料电池汽车是电动汽车的一种，其核心部件燃料电池。通过氢气和氧气的化学作用，而不是经过燃烧，直接变成电能动力。

燃料电池汽车的氢燃料能通过几种途径得到。有些车辆直接携带着纯氢燃料，另外一些车辆有可能装有燃料重整器，能将烃类燃料转化为富氢气体。单个的燃料电池必须结合成燃料电池组，以便获得必需的动力，满足车辆使用的要求。

本项目的学习旨在了解氢燃料电池的优缺点、工作原理，了解典型的新能源汽车车型等内容。

项目目的

通过对燃料电池汽车的认知和学习，要求学生掌握燃料电池汽车的特点、组成结构和工作原理。能对市场上常用的燃料电池汽车进行区分，养成一定的认知能力。

任务 1 认识燃料电池电动汽车

思政教育

可持续发展和环境保护的理念是一致的。通过认识燃料电池电动汽车，可以引导学生认识到可持续发展对环境的重要性，并培养他们保护环境的意识和行动。引导学生了解科学技术对社会发展的重要性，并激发他们对科技创新的兴趣和热情。引导学生认识到个人行为对社会的影响，并培养他们担当社会责任、关注公共利益的意识和行动。

任务导言

本任务通过认知燃料电池汽车的优缺点、学习燃料电池的基本组成和分类，让学生对这一新型新能源汽车有基本的认知和了解，通过典型车型的介绍能够给学生带来视野上的开阔和知识面的拓展。

任务学习知识要求

1. 了解燃料电池汽车的基本定义和优缺点；
2. 认识燃料电池的典型车型。

任务学习技能要求

1. 学会查找国内外燃料电池汽车技术资料；
2. 能够区分燃料电池汽车和一般电动汽车。

任务学习重点、难点

1. 重点：燃料电池的定义和基本结构；
2. 难点：燃料电池的分类及应用。

任务学习所需设备、器材

1. 安全防护套装；
2. 新能源汽车检测工具；
3. 燃料电池汽车教学台架；
4. 虚拟仿真软件。

任务学习

1.1 燃料电池汽车的优缺点

燃料电池汽车是近几年重点发展的汽车，它的特点是采用新型燃料、排放污染为零。与传统汽车相比，燃料电池汽车具有以下优点：

- 零排放或近似零排放。
- 减少了机油泄漏带来的水污染。
- 降低了温室气体的排放。
- 提高了燃油经济性。
- 提高了发动机燃烧效率。
- 运行平稳、无噪声。

和内燃机汽车相比，燃料电池汽车的能量转换效率高达 40% 以上，是燃油车的 3 倍多，因此具有节约石油等化石能源的优点。和纯电动汽车相比，燃料电池汽车在能量补给上主要是加压缩氢气，加氢的时间要快于动力电池的充电时间（即使是快充，其时间仍需 30min 左右），且续航里程要高于纯电动汽车。和混合动力汽车相比，燃料电池的能量转换效率也高出前者，并且没有二氧化碳及其他污染排放。

燃料电池也有其缺点，例如：结构复杂、氢燃料存储技术难度大、储能电池的二次污染等。

1.2 燃料电池的基本知识

1.2.1 定义

燃料电池（Fuel Cells）是一种不需要经过卡诺循环的电化学发电装置，能量转化率高。燃料和空气分别送进燃料电池，电就被奇妙地生产出来。它从外表上看有正负极和电解质等，像一个蓄电池，但实质上它不能"储电"而是一个"发电厂"。由于在能量转换过程中，几乎不产生污染环境的含氮和硫氧化物，燃料电池还被认为是一种环境友好的能量转换装置。由于具有这些优异性，燃料电池技术被认为是 21 世纪新型环保高效的发电技术之一。

随着研究不断地突破，燃料电池已经在发电站、微型电源等方面开始应用。

1.2.2 基本结构

燃料电池的基本结构主要是由四部分组成,分别为阳极、阴极、电解质和外部电路。通常阳极为氢电极,阴极为氧电极。阳极和阴极上都需要含有一定量的电催化剂,用来加速电极上发生的电化学反应,两电极之间是电解质。如图5.1所示。

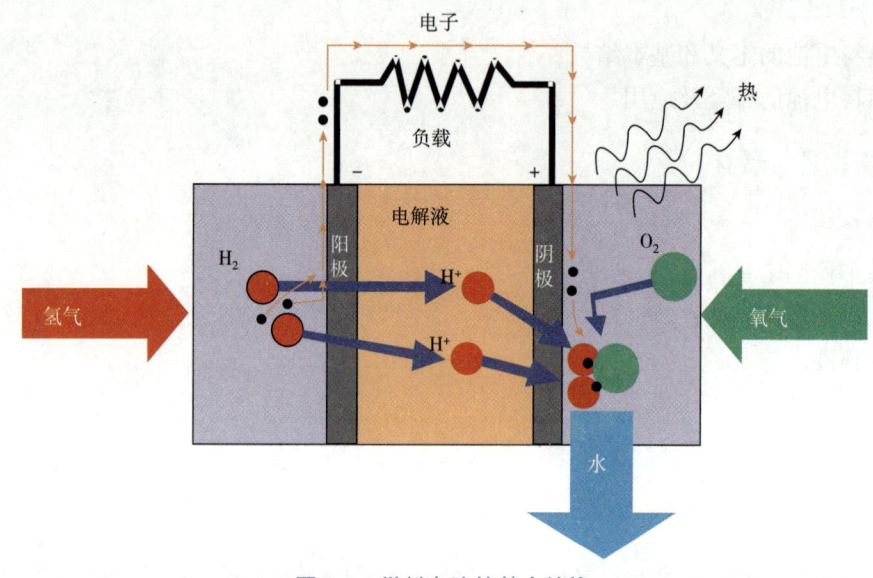

图 5.1 燃料电池的基本结构

1.2.3 燃料电池的分类

目前,燃料电池的种类很多,其分类方法也有很多种。按不同方法大致分类如下:

(1) 按运行机理来分类,可分为酸性燃料电池和碱性燃料电池。

(2) 按电解质来分类,有质子交换膜燃料电池(proton exchange membrane fuel cell, PEMFC)、碱性燃料电池(alkaline fuel cell, AFC)、酸性燃料电池(phosphoric acid cell, PAFC)、可溶碳酸盐燃料电池(molten carbonate fuel cell, MCFC)和固态氧化物燃料电池(solid oxide fuel cell, SOFC)。

(3) 按燃料的类型来分类,有直接式燃料电池和间接式燃料电池。

(4) 按燃料电池工作温度分,有低温型(低于200℃)、中温型(200～750℃)和高温型(高于750℃)。

表5.1 各种燃料电池的性能参数

燃料电池类型	质子交换膜燃料电池	碱性燃料电池	酸性燃料电池	可溶碳酸盐燃料电池	固态氧化物燃料电池
简称	PEMFC	AFC	PAFC	MCFC	SOFC
电解质	含氟质子膜	KOH	磷酸	$Li_2CO_3-K_2CO_3$	YSZ
电解质形态	固体	液体	液体	液体	固体
阳极	Pt/C	Pt/Ni	Pt/C	Ni/Al、Ni/Cr	Ni/YSZ
阴极	Pt/C	Pt/Ag	Pt/C	Li/NiO	$Sr/LaMnO_2$
工作温度(℃)	60～80	50～200	150～220	约650	900～1050
启动时间	<5s	几分钟	几分钟	>10min	>10min
应用	机动车、洁净电站,潜艇,燃料电池电动汽车	航天,机动车	洁净电站,轻便电源	洁净电站	洁净电站,联合循环发电

表 5.1 所列中，质子交换膜燃料电池用于燃料电池新能源汽车最为合适，它具有以下几个特点。

（1）能量密度大。比能量可达到 200W·h/kg，燃料电池汽车要求采用氢气作为燃料电池的质量比功率不小于 150W/kg，采用甲醇作为燃料电池的质量比功率不小于 100W/kg。

（2）启动速度快。质子交换膜电池一般在常温条件下运行，当温度在 80℃ 左右时易于快速启动。减少了温度对燃料电池材料的影响，提高了电池性能，延长了电池的寿命。

（3）适合部分负荷特性。质子交换膜电池具有连续不断工作的性能，适合汽车部分负荷特性的要求，这种优越的性能为它在燃料电池汽车上的应用带来了极大便利。

（4）单体电池的电压高。质子交换膜燃料电池的单体电池电压高，是电动汽车较理想的一种电源。有利于减轻电动车辆的整备质量和降低电动车辆使用的费用。

1.2.4 燃料电池亟待解决的问题

1. 燃料电池整车集成技术

我国自主开发的燃料电池汽车在车型开发、整车动力性、续驶里程、燃料电池发动机功率等方面与国外存在一定的差距，在等效燃料经济性水平和车辆噪声水平与国外基本处于同一水平。

在燃料电池汽车车型平台开发方面，国外已经由基于传统车辆平台改造形成燃料电池汽车模式走向为燃料电池汽车打造全新整车平台阶段，如本田汽车公司 Clarity，丰田汽车公司 FCHV，戴姆勒奔驰公司 F-Cell 和通用公司 Chevrolet Equinox 等均是为燃料电池汽车动力系统技术平台而全新打造的专用化整车平台，基于这些整车平台，国外汽车公司开展了如空气动力学性能、轻量化、车身碰撞安全性、底盘系统主动控制以及面向舒适性的人机界面与人机工程等研究。在国内，以上汽股份、上海大众、一汽、长安、奇瑞等公司为代表开发的燃料电池轿车均基于传统内燃机车辆进行改制，尚未掌握燃料电池汽车专用车身开发、底盘开发、底盘动力学主动控制等关键技术，与国外存在较大差距。

在车辆动力性能方面，主要受限于燃料电池功率输出水平和整车集成及轻量化技术水平，我国燃料电池汽车整车加速性能明显低于世界主流燃料电池汽车加速性能。

在车辆续驶里程方面，到目前为止，我国基本掌握了 35MPa 高压储氢和加注系统关键技术，实现高压氢气瓶等部件国产化开发，但某些关键阀门、传感器还依赖进口，70MPa 氢气存储关键技术和关键部件仍然处在研发阶段，其直接制约了我国燃料电池汽车续驶里程提高。

在整车燃油经济性水平、车外噪声水平上。我国燃料电池汽车与国外同类型汽车处于同一水平甚至领先地位（参考 2006 年法国必比登挑战赛结果，燃油经济性等效为传统内燃机汽油消耗：3~3.5L/100km，车外加速噪声维持在 70dB 左右）。

2. 燃料电池发动机技术

在燃料电池发动集成度方面，我国轿车用燃料电池发动机输出功率等级、功率密度等性能参数明显低于国外同类型燃料电池，汽车用燃料电池技术性能（国外燃料电池电堆质量功率密度已超过 1 600W/kg，体积功率密度已超过 2 700W/L；而国内燃料电池电堆质量功率密度维持在 700W/kg 左右，体积功率密度维持在 1 000W/L 左右）。

在燃料电池发动机环境适应性尤其是低温冷启动性能方面，国外燃料电池汽车甚至已经实现环境中冷启动，并在北欧瑞典地区开展冬季寒冷工况下实车道路实验。相比国外，我国燃料电池汽车冷启动性能基本上还处在水平，燃料电池电堆也仅在实验室中实现环境中冷启动。

在燃料电池发动机可靠性、寿命方面，国外燃料电池电堆 2010 年寿命水平比 2003 年提高两倍，其中燃料电池质子交换膜已经超过 7 300h（采用美国 3M 公司的 MEA），电堆实验室寿命提高到 5 000h 以上，安全性和可靠性水平基本达到了传统内燃机汽车同等水平。在整车可靠性和寿命方面，其性能已经基本满足整车产品需求。戴姆勒奔驰汽车开发的 F-Cell 系列样车已经进行了总共超过 450 万公里的路试。美国UTC公司通过改进燃料电池系统控制策略，规避或减缓由起停、动态加载、低载怠速、零下储存与启动等过程导致的燃料电池寿命衰减，其与AC Transit运输公司合作在加州奥克兰市开展燃料电池汽车示范运行，截至2010年6月底，其120kW的燃料电池系统（Pure Motion Model 120）在没有更换任何部件情况下运行了7 000h，远远超过了美国能源部制定的2015年5 000h寿命目标。相比国外，我国燃料电池汽车虽然经受住了北京奥运会、美国加州示范运行和上海世博会等大型国际活动的高温、高强度示范运行考验，但燃料电池电堆及关键部件寿命仍然无法满足整车产品寿命要求，低压燃料电池电堆动态循环工况试验运行时间仅突破1 500h，预测寿命亦仅2 000h。

在燃料电池发动机成本控制关键技术研究方面，国外一方面研究低铂燃料电池技术，减少催化剂用量，另一方面研究催化剂抗毒性，降低其运行成本，同时，还开发非铂催化剂来代替贵重金属Pt。在低铂燃料电池技术方面，目前国外已经研制低铂用量燃料电池电堆。通用公司通过采用核壳型合金催化剂、有序化MEA等技术，不但提高了燃料电池性能，而且Pt含量也得到了大幅度降低，一台燃料电池发动机中贵金属催化剂Pt的用量从上一代的80g降低到30g，并在2015年降低到10g以下。丰田公司开发的燃料电池电堆Pt用量也降低到原来的30%。催化剂抗毒性已经成为国际研究热点，国外科研机构试图通过提高催化剂抗毒性，使燃料电池可以直接利用粗氢发电，从而降低其运行成本。此外，随着新研制非铂催化剂大量使用，燃料电池汽车成本还将进一步降低。我国于"十一五"末期已经开始开展燃料电池汽车成本控制研究，受限于燃料电池发动机和氢气存储系统成本，燃料电池轿车成本仍然很高。

3. 高压储氢系统技术

目前国外主流燃料电池汽车车型均采用70MPa的氢气存储和供给系统，而国内燃料电池汽车的高压氢气存储系统压力仍然维持在35MPa水平，这一定程度上影响了我国燃料电池汽车整车续驶里程能力。与此同时，国内35MPa的氢气存储和供给系统中的传感器、阀门等零件还依赖进口，直接导致氢气存储与供给系统成本过高。

1.3 燃料电池汽车

1.3.1 荣威950插电式燃料电池汽车

在2015上海车展前，上汽集团与媒体进行了前瞻技术分享会，提前对即将在车展展示的两款"未来汽车"进行了预热。除了造势多时的智能汽车，上汽集团还抛出了另外一枚重磅炸弹——第四代荣威950插电式燃料电池车。该车可实现400多公里的续航里程，160km的最高时速（图5.2）。

图5.2　荣威950燃料电池汽车

1.3.2 现代氢燃料电池车 ix35

现代汽车 2014 年 2 月份开始在韩国投产 ix35 氢燃料电池车,成为全球首家推出量产的氢燃料电池车企,该车型在欧洲等市场以 ix35 的名称进行销售(图 5.3)。

这款车衍生出燃料电池车并量产,同时在研发生产中确保了燃料电池堆、储氢罐、电池和动力总成的关键系统不会对车辆的可用性造成影响。车中采用了功率为 100kW 的燃料电池堆为一台功率为 100kW 的电动机提供能量,电机可提供的峰值扭矩达到 300N·m,0~62m/h 加速时间为 12.5s,最高时速可达 100mi/h,其行驶里程则为 369mi,约合 594km。储氢罐中可存放 5.6kg 氢气,每千克氢燃料可支持汽车行驶 106km。

图 5.3　现代 ix35 氢燃料电池车

1.3.3　丰田燃料电池车 Mirai

丰田推出的首款氢动力车型丰田 Mirai,搭载的氢燃料电池发电功率为 114kW,采用了能够承受 70MPa 压力的储气罐。两个储气罐全部加满后实际续航里程可以达到 550km,在日本补贴后售价仅为 26 万元人民币,加氢价格仅为 58.4 元/公斤(图 5.4)。

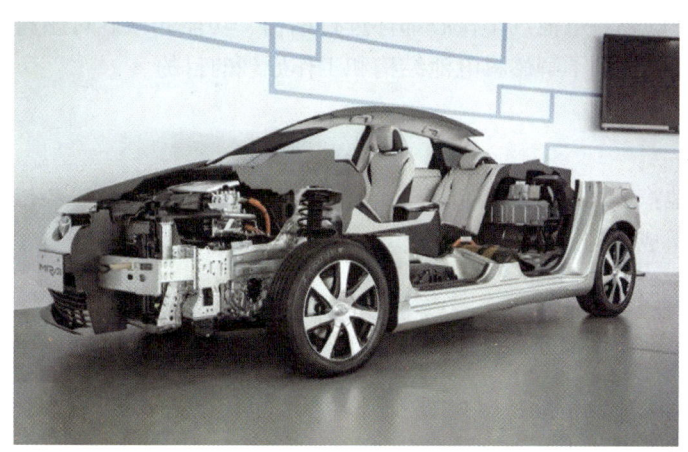

图 5.4　丰田 Mirai 燃料电池汽车

丰田汽车早在 20 世纪 90 年代开始就展开了对氢燃料电池技术壁垒的攻克。在氢燃料电池技术上他们申请了 15867 个专利,涵盖燃料电池堆专利、高压储氢罐专利、燃料电池系统控制专利以及加氢站技术等。而原本成本无法估量的氢动力汽车,也在丰田的成本控制下做到了量产价只需要不到人民币 40

万。见表5.2所列是丰田 Mirai 燃料电池汽车与特斯拉 Model S 纯电动汽车的参数比较。

表5.2 燃料电池汽车与纯电动汽车参数比较

	Mirai	Model S
车重/总重（kg）	1850（2070）	2270（2570）
行驶里程（km）	650	390
最高车速（km/h）	175	190
百公里加速时间（s）	10	6.2
乘坐人数	4人	5人
充气/充电	充气时间小于3min	充电试卷小于45min（420V）
排水量	60ml/km	无
价格（万日元）	723.6（售价）-200（补贴）=523.6（约30.7万人民币）	823至1081之间，补贴不详

截至2020年，日本共建成142座加氢站，比2019年增加了28座。根据《世界能源蓝皮书》披露的数据，到2025年，日本预计全面普及氢能交通工具，规划建成320座加氢站；到2030年，日本加氢站规划增加至900座。

任务2　燃料电池汽车构造与原理

思政教育

可以引导学生认识到能源转型的重要性，培养他们推动可再生能源发展和可持续能源利用的态度和行动。理解可持续发展、环境保护、科学技术创新、能源转型和社会责任等方面的重要性，培养他们相应的意识、能力和素养，为他们的未来发展提供思想基础。

任务导言

本任务以丰田 Mirai 燃料电池汽车为学习对象，具体描述其构造。选取驱动电机、燃料电池堆、储氢罐、储能电池四个典型的燃料电池汽车核心部件进行结构、功能介绍。对燃料电池的工作原理进行分析。通过本任务学习，能够达到了解燃料电池结构和工作原理的目的。

任务学习知识要求

1. 掌握典型燃料电池汽车的组成结构；
2. 了解燃料电池的组成结构；
3. 了解燃料电池汽车的工作原理。

任务学习技能要求

1. 能够掌握燃料电池在车辆上的位置；
2. 能够区分燃料电池和动力电池的不同；
3. 能指出储氢罐和燃料电池堆的关系。

任务学习重点、难点

1. 重点：燃料电池汽车的结构组成；

2. 难点：燃料电池的结构和工作原理。

任务学习所需设备、器材

1. 安全防护套装；
2. 新能源汽车检测工具；
3. 燃料电池汽车教学台架；
4. 虚拟仿真软件。

任务学习

项目四中对混合动力汽车进行分类后有串联式、并联式和混联式三类。丰田开发的几代燃料电池轿车均属于串联式混合动力汽车，即燃料电池和蓄电池并联，燃料电池提供动力系统需要的平均功率，蓄电池提供峰值功率或动态过渡所需的功率。以 Mirai 为例，除了传统车辆的基本车身、底盘等结构，主要构成有燃料电池电堆、储氢罐、动力电池、DC/DC、逆变器（电机控制器）、驱动电机和功率控制单元等（图 5.5、图 5.6）。

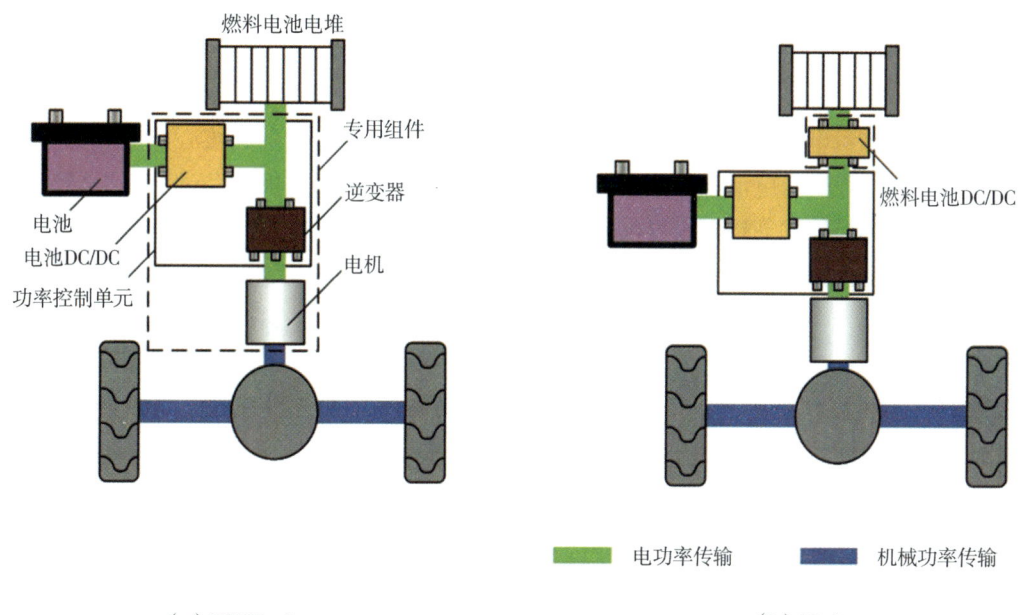

图 5.5 丰田品牌燃料电池汽车基本结构

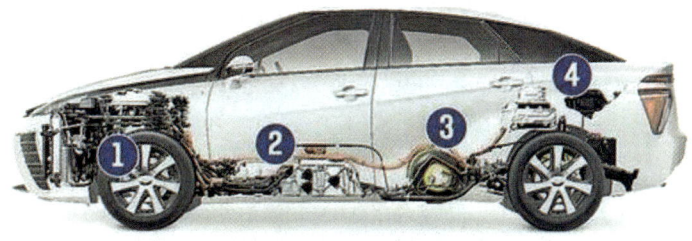

图 5.6 丰田 Mirai 燃料电池汽车主体构造

2.1 驱动电机

驱动电机位于车辆前舱内，驱动电机的最大功率可达 113kW，峰值扭矩为 335N·m。和纯电动汽车一样，燃料电池汽车的驱动电机也以三相交流电机为主。在工作时，需要通过电机控制器对其进行转速、扭矩和旋转方向等内容的进行控制。如图5.7、图5.8所示是丰田Mirai的驱动电机和电机控制器。

图5.7　丰田Mirai驱动电机　　　　　　　图5.8　丰田Mirai电机控制器

2.2　燃料电池堆

燃料电池堆（Fuel cell stack）位于前排座椅下方，是整车的电力来源，氢气和氧气在燃料电池堆中发生反应产生电能。燃料电池堆是发生电化学反应场所，燃料电池动力系统核心部分。工作时，氢气和氧气分别由进口引入，经燃料电池堆气体主通道分配至各单电池的双极板，经过双极板导流均匀分配至电极，通过电极支撑体与催化剂接触进行电化学反应。

单体电池是由将双极板与膜电极（MEA-催化剂、质子交换膜、碳纸/碳布）组成。

2.2.1　双极板

双极板是由极板和流场组成。主要作用是气体分配、集流、导热和密封。双极板是电、热的良导体，具有良好的机械性能，很好的阻气性能，耐腐蚀性好等特点，其性能决定了燃料电池堆体积比功率和质量比功率。双极板材质主要是石墨或者合金。通常由石墨板材料制作，石墨双极板厚度约2～3.7mm，经铣床加工成具有一定形状的导流流体槽及流体通道，其流道设计和加工工艺与电池性能密切相关。如图5.9所示。

图5.9　双极板

2.2.2 质子交换膜

质子交换膜作为电解质，起到传导质子，隔离反应气体的作用。在燃料电池内部，质子交换膜为质子的迁移和输送提供通道，使得质子经过膜从阳极到达阴极，与外电路的电子转移构成回路，向外界提供电流。质子交换膜的性能对燃料电池的性能起着非常重要的作用，它的好坏也直接影响电池的使用寿命。质子交换膜如图 5.10 所示。

图 5.10 质子交换膜

2.2.3 碳纸/碳布

气体扩散层 GDL 通常由碳纸或者碳布组成（图 5.11），主要起到传质，导电，传热，支持催化层，导水的作用。

图 5.11 碳布

2.2.4 催化剂

作为氢燃料电池反应关键，催化层是由催化剂和催化剂载体形成的薄层。催化剂主要采用 Pt/C，Pt 合金/C，载体材料主要是纳米颗粒碳、碳纳米管、碳须等。催化剂对材料要求导电性好，载体耐蚀，催化活性大。

丰田 Mirai 搭载的燃料电池堆栈是由 370 片薄片燃料电池以串联方式层叠组合构成的。将双极板与膜电极交替叠合，各单体之间嵌入密封件，经前、后端板压紧后用螺杆紧固拴牢，即构成燃料电池电堆，因此，被称为"堆栈"（stack）。它一共可以输出 114kW 的发电功率。

经过十几年的技术优化，形成具有特色的 3D 立体微流道技术，通过更好地排出副产物水，让更多空气流入，从而有效改善了发电效率。整个堆栈的发电效率达到了世界先进水平，达到了 3.1KW/L，比 2008 年 1.4kW/L 的功率密度整整提升了 2.2 倍。

燃料电池堆中每片电池能发出 0.6~0.8V 的直流电压，总电压低于 300V。为了更好地驱动电机，需要通过燃料电池升压器将其电压进行变换，再输送至高压用电设备，电压最大可达 650V。图 5.12 是燃料电池堆和升压器总成。

2.3 储氢罐

储氢罐位于后排座椅的下方，Mirai 共有一大一小两个储氢罐（图 5.13）。氢气是世界上已知的最轻的气体，它的密度非常小，只有空气的 1/14，即在标准大气压、0℃下，氢气的密度为 0.0899g/L。和汽油、柴油直接储存在油箱中不同，氢气不能在正常气压下存储，主要是因为存储量太低不足以维持车辆行驶足够的里程。对氢气进行压缩，增加其单位体积的质量，当压力足够时，才能保证存储的氢气产生足够的能量用以驱动车辆行驶。

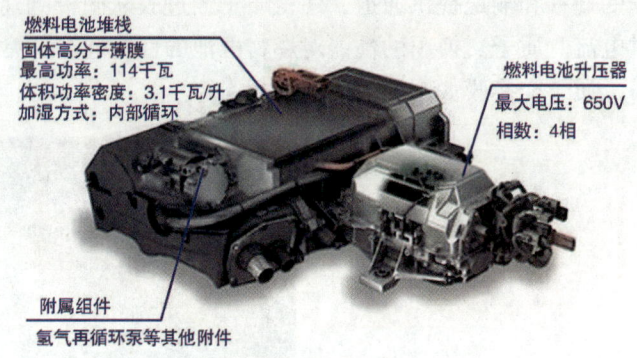

图 5.12　燃料电池堆和 DC 总成

该车型上储氢罐采用碳纤维材质和凯夫拉材料制造，最大可承受 70MPa（700bar）的压力，该压力下，加满 122.4L 的储氢罐可容纳 5kg 左右的氢气。我国氢燃料电池汽车的储氢罐技术目前能够承受的压力在 35MPa 作用，与世界先进水平还有一点差距。

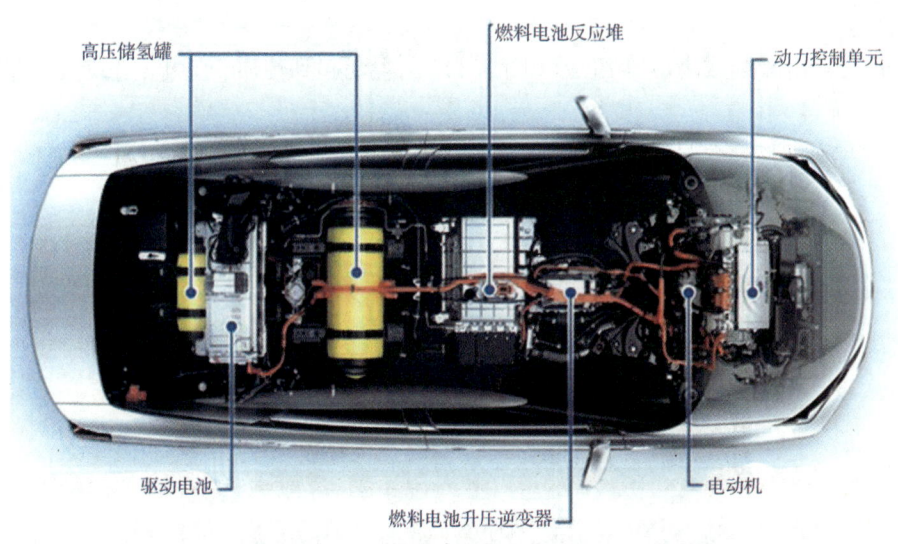

图 5.13　储氢罐在燃料电池汽车上的位置

对储氢罐的要求除了能够承受足够的压力外，还对其碰撞等安全性能有要求。在装车前，储氢罐的安全性应进行爆破、疲劳、耐久性、火烧、高处跌落、碰撞和枪击等一系列安全测试。

2.4 储能电池

储能电池位于座椅后方（图 5.14）。储能电池能够把燃料电池堆产生的剩余电能和制动能量回收产生的电能储存起来。储能电池和燃料电池的"电池"不是同一概念。储能电池和纯电动汽车或混合动力汽车中的动力电池包的结构和原理一样。丰田车系储能电池一般以镍氢电池为主，其优点是质量轻。由于混合动力系统的工作方式，需要不停地对电池

图 5.14　储能电池

进行快速充放电，而镍氢电池恰恰具备良好的快速充放电性能。

2.5 燃料电池汽车工作原理

总体来说，氢燃料电池汽车的驱动方式就是通过氢与氧在燃料电池堆中发生反应，产生出电能来驱动电动机，通过动力传动机构最终将扭矩传至驱动轮从而驱动车辆行驶。

燃料电池的工作有以下 6 个步骤：

（1）引入氧气过程。氧气从前进气格栅进入并达到燃料电池内。

（2）输入氢气过程。氢气从储氢罐中被释放，进入燃料电池内。

（3）氢氧反应过程。氢气和氧气在燃料电池中发生化学反应，并生成水和电能。

（4）电力传输过程。燃料电池堆内氢氧化学反应产生的电能输送至电机控制器进行逆变后，产生交流电供驱动电机使用。

（5）动力传输过程。驱动电机在三相交流电的作用下，产生扭矩和一定的转速，通过减速机构实现减速增矩，从而驱动车辆行驶。

（6）"尾气"排放过程。氢气与氧气在燃料电池堆内化学反应产生了唯一的排放气体"水"。

燃料电池工作原理（图 5.15）：

（1）氢气被输送到负极。

（2）氢气在负极的催化剂作用下，分离出阳离子和负离子（即电子）。

（3）电子沿外部电路流向正极。

（4）阳离子通过固体高分子电解质膜流向正极（固体高分子电解质膜具有只允许阳离子通过、电子无法通过的特性）。

（5）正极中的氧气与流至正极的氢气反应生成水。

在上述的过程中，阳极为氢燃料发生氧化的场所，阴极为氧化剂还原的场所，两极都含有加速电极电化学反应的催化剂，质子交换膜作为传递 H^+ 的介质，只允许 H^+ 通过。工作时相当于一直流电源，阳极即电源负极，阴极即电源正极。

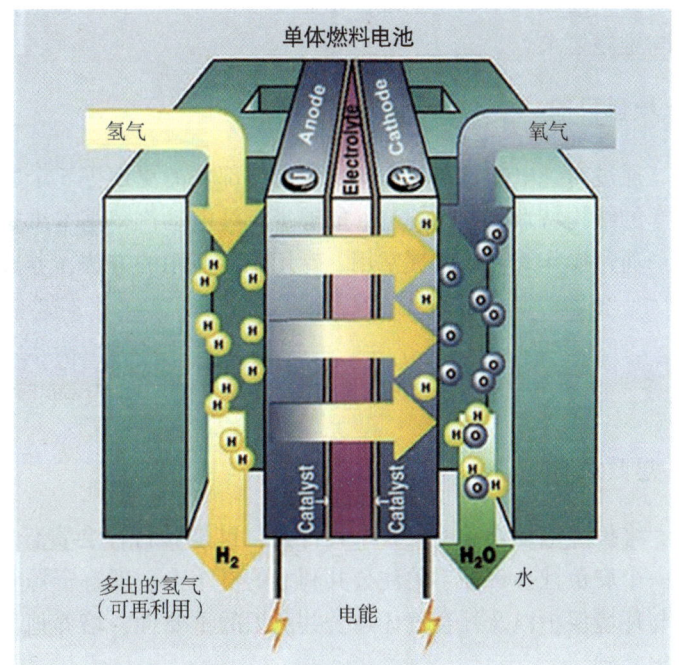

图 5.15　氢燃料电池发电原理

电堆工作时，氢气和氧气分别由进口引入，经电堆气体主通道分配至各单电池的双极板，经双极板导流均匀分配至电极，通过电极支撑体与催化剂接触进行电化学反应。

阳极（负极）：$2H_2 \rightarrow 4H^+ + 4e^-$。

阴极（正极）：$O_2 + 4H^+ + 4e^- \rightarrow 2H_2O$。

新能源汽车的维护与修理

项目 6

项目导言

本项目以吉利帝豪 EV300 汽车为教学平台，结合行业标准和企业标准，开展新能源汽车维护与修理的教学。根据新能源汽车维修企业典型案例，梳理出纯电动汽车基本维修、高压部件的更换、动力总成的拆装与检修、动力电池的拆装与检修和充电系统的检修共五个教学任务。通过本项目的教学，学生能够掌握新能源汽车的基本维护作业要领，掌握包括动力电池、动力总成和充电系统在内的高压系统的拆装与维修要求。

项目目的

通过对纯电动汽车基本维护、高压部件的更换等 5 个实训任务的操作，熟悉吉利帝豪 EV300 纯电动汽车的结构特点和操作规范。能够进行纯电动汽车基本维护作业，能够进行常见高压部件维修作业。

通过操作练习，掌握常用、专用工具使用的方法，养成良好的工作习惯和工作态度。

任务 1　纯电动汽车的维护

思政教育

维护纯电动汽车不仅是个人行为，也是履行社会责任的体现。充分认识到个人行为对社会的影响，做一个肩负社会责任、关注公共利益的汽车人。理解资源管理与节约、技术操作与安全意识、可持续发展与环境保护以及社会责任与公共意识的重要性，培养他们相应的意识、能力和素养，为未来发展提供思想基础。

任务导言

和燃油汽车一样，纯电动汽车当行驶一定里程或一段时间后，由于机械部件之间的相对运动、电气元件长时间的通电发热等原因，会导致车辆部件发生腐蚀、老化、磨损等现象。因此，无论从保持汽车完好的技术状况角度还是从保证汽车能够安全、可靠行驶的角度，都要求对其进行基本维护作业。

除一般车辆所需的清洁、润滑、紧固、补给等作业外，纯电动汽车的维护还包括高压电器的检查、绝缘性能的检测等。

任务学习知识要求

1. 掌握纯电动汽车二级维护的方法；

2. 掌握纯电动汽车二级维护的操作规范。

任务学习技能要求

1. 能够对底盘、动力电池包进行紧固作业；
2. 能够对前舱部件进行检查和紧固；
3. 能够对高压部件进行检查；
4. 会更换电机冷却液和动力总成齿轮油。

任务学习重点、难点

1. 重点：电机冷却液和动力总成齿轮油的更换；
2. 难点：高压部件的绝缘检测。

任务学习所需设备、器材

1. 吉利帝豪 EV300 纯电动汽车一辆；
2. 防护工具一套；
3. 绝缘检测工具套装。

任务学习

1.1 电动汽车的维护分级和周期

1.1.1 电动汽车维护的分级

电动汽车维护可分为日常维护、一级维护、二级维护。

（1）日常维护是以清洁补给和安全检查为主要作业内容的车辆维护作业。

（2）一级维护是以清洁润滑，紧固，调整和测试为作业内容的，车辆维护作业通常由专业维护人员执行。

（3）二级维护是在一级维护基础上，以检查调整转向节，转向摇臂，制动蹄片，悬架高压系统等安全部件为主，并拆检轮胎进行轮胎换位。检查调整高压系统工作状况和排气污染控制装置事情，更换电动空压机。电动转向系统及电机减速装置，润滑油润滑车辆传动部件等的车辆维护作业通常由专业维护人员执行。

1.1.2 电动汽车维护的周期

电动汽车维护周期根据营运及非营运电动汽车的使用频率进行区分，具体维护周期见表 6.1 所列。

表 6.1 营运/非营运电动汽车维护作业周期（里程/时间）

序号	维护类别	营运电动汽车间隔里程/时间	非营运电动汽车间隔里程/时间
1	日常维护	每个运行工作日	—
2	一级维护	（5 000~10 000）km 或 1 个月	（5 000~10 000）km 或 6 个月
3	二级维护	（20 000~30 000）km 或 6 个月	（20 000~30 000）km 或 1 年
注：维护作业间隔里程/时间，以先到者为保养周期要求。			

1.2 日常维护

1.2.1 常规日常维护

（1）对电动汽车外观进行清洁，保持车窗整洁。

（2）对电动汽车各部件润滑油、润滑脂、冷却液、制动液、各种工作介质、轮胎气压进行检视补给。

（3）对电动汽车制动转向、传动、悬挂、灯光、信号等安全部位和位置以及电动机运转状态进行检视、校紧，确保行车安全。

1.2.2 高压系统日常维护

1. 清洁

对电动汽车电动机高压部件外表面以及动力蓄电池等高压系统的风冷过滤网进行清洁，保持冷却性能及车容整洁。清洁作业可采用压缩空气进行吹扫和使用工业级吸尘器除尘。

2. 补给

对电动汽车电机电池冷却系统的冷却液、动力蓄电池的电量、电动传动系统零部件、润滑油、润滑脂等各种工作介质进行检视并补给。

3. 安全检查

电动汽车安全检查的内容是对驱动电机及控制器、动力电池系统、电动辅助系统等涉及行车及人身安全的高压系统工作状态进行检查，确保行车安全。电动汽车高压系统安全检查方法是在车辆上电后检查车辆的仪表，如出现表6.2所列中的仪表标志时，应按其处理建议进行处理。

表6.2 高压系统安全检查及处理建议（依据仪表指示）

序号	标志	标志颜色	说明	处理建议
1	READY	绿色	车辆准备就绪	—
2	（电机过热图标）	红色	电机过热故障	整车限功率，需尽快维修
3	（高压电断开图标）	黄色	高压电系统断开故障	高压系统未上电/上电不成功，检查高压系统
4	（动力蓄电池故障图标）	红色	动力蓄电池故障	立即停车维修
5	（动力电池过热图标）	红色	动力电池过热	立即停车维修
6	（系统故障图标）	红色	系统故障	车辆严重故障，应立刻维修

注1：以上图表另见 GB/T 4094.2-2005。
注2：其他未注项目参考产品使用说明书。

1.3 一级维护

1.3.1 常规一级维护

与传统汽车相同的电动汽车结构和部件，应按照 GB/T 18344—2001 执行的一级维护作业。

1.3.2 高压系统一级维护

高压系统一级维护作用项目及要求按表6.3所列进行。

表6.3 高压系统一级维护作业项目及要求

序号	项目	作业内容	技术要求
1	高压系统（设备）冷却风道滤网	拆卸、清洁、检查滤网	清除积尘，如有损坏或达到产品说明书要求更换条件的，更换滤网
2	动力蓄电池系统状态	用专用动力蓄电池维护设备（或外接充电）对单体电池一致性进行维护	动力蓄电池系统中，电池单体一致性应满足产品技术要求
3	动力电池系统SOC值校准	采用动力蓄电池专用诊断设备和外接充电对系统SOC值校准	系统SOC误差值小于8%
4	外接充电互锁	外接充电检查	当车辆与外部电路（例如电网外部充电器连接时）不能通过其自身的驱动系统使车辆移动。
5	电动空压机油面	检视	在刻度指示范围内
6	电动真空助力器	检视	在各管路、接口不漏气
7	电动空压机安装紧固检查	检视、紧固	符合紧固力矩要求
8	电动空压机传动结构紧固检查	检视、紧固	符合紧固力矩要求
9	电动空压机卸荷功能检查	启动电动空压机	工作加压完成停止工作后，系统自动卸荷西和正常无异常延时或关闭后漏气等情况
10	电动转向泵安装紧固	检视、紧固	符合紧固力矩要求
11	电动空调压缩机状态检查	工作正常性检视紧固	符合紧固扭矩要求
12	高压线束连接器	检视、紧固	连接器接触面无过热烧蚀等现象，紧固扭矩满足技术要求
13	高压绝缘状态	使用兆欧表检测高压系统输入输出与车体之间的绝缘电阻	绝缘电阻大于等于5MΩ
14	绝缘防护完整性	检视	高压线束绝缘防护层完整无老化、破损；设备绝机脚无老化、破损、异常变形
15	整车高压系统故障检查	用专用诊断仪检查车辆高压系统是否报故障，并对故障实施解除相关作业	高压系统无故障
16	高压系统紧固检查	检视、紧固	符合紧固力矩要求

1.4 二级维护

1.4.1 二级维护作业过程

电动汽车二级维护作业过程，参考GB/T 18344-2001。作业步骤如下：

（1）维护人员应结合车辆技术档案，包括车辆运行记录、维修记录、检测记录、总成本维修记录等。驾驶员反映了车辆使用技术状况，包括汽车动力性、异响、转向、制动及动力电池状态、润滑料耗等，根据国标要求进行常规系统高压系统的检测。

（2）检测结束后，依据检测结果及车辆实际技术状况进行车辆故障诊断，从而确定车辆维修附加作业项目。

(3)附加作业项目确定后,应与基本作业项目一并进行二级维护作业,二级维护过程中应进行过程检验,检验项目的技术要求应满足有关的技术标准和规范。

(4)二级维护作业完成后,维护机构应进行竣工检验,竣工检验合格的车辆由维护机构填写电动汽车维护竣工出厂合格证后方可出厂。

1.4.2 过程检验

常规系统高压系统的二级维护过程中,应始终贯穿过程检测并做检验记录。过程检验中,各维护作业项目的技术要求需满足车辆说明书的要求,如说明书不明确的则以国家行业及地方标准相关要求为准。

1.4.3 常规系统二级维护

电动汽车常规系统二级维护检测项目见表6.4所列。检测仪器应为专用检测仪器,仪器精度应满足有关规定。检测结果应符合国家相关技术标准或根据原厂要求。

表6.4 电动汽车二级维护常规检测项目

序号	检测项目
1	制动性能,检查制动力
2	转向轮定位,主要检查前轮定位角和转向盘自由转动量
3	车轮动平衡
4	前照灯
5	操纵稳定性,有无跑偏、发抖、摆头
6	传动轴,有无泄漏、异响、松脱、裂纹等现象

1.4.4 高压系统二级维护

电动汽车高压系统二级维护检测项目见表6.5所列。检测仪器应为专用检测仪器,仪器精度应满足有关规定。检测结果应符合国家相关技术标准或根据原厂要求。

表6.5 高压系统二级维护检测项目及要求

序号	项目	要求	方法
1	驱动电机工作状态	仪表未报驱动电机故障	行驶过程中目视检查
2	发动机工作状态	仪表未报发动机故障	行驶过程中目视检查
3	动力蓄电池工作状态	仪表未报动力蓄电池故障	行驶过程中目视检查
4	外接充电状态	充电过程中无异常断电,充满电后,系统应自动终止	外接充电检视
5	电动转向工作状态	转向轻便、自如、无中断	行驶过程中检查
6	电动空压机工作状态	仪表指示制动气压在规定范围	行驶过程中目视检查
7	DC/DC工作状态	仪表指示低压系统电压在规定范围	行驶过程中目视检查
8	电动真空助力器工作状态	制动助力正常	行驶过程中检查

注:带"*"的项目适用于有外接充电插口车辆。

电动汽车高压系统二级维护基本作业应符合规定以及表6.6所列的作业项目及要求。

表 6.6　高压系统二级维护基本作业项目及要求

序号	系统	项目	作业内容	技术要求
1	电机系统（包括驱动电机和发电机）	电机本体	电机接线耳	无电击、烧蚀现象
			电机端三相线螺栓	无松动
			电机端三相屏蔽线	与三相线无短路，绝缘电阻≥5MΩ
			电机防水接插件	紧固，防水有效
			电机三相线高压电缆波纹管	无破损或老化
			电机信号线插件	紧固
		电机控制器	逆变器输入、输出端接线耳	无电击、烧蚀现象
			逆变器输出端三相线螺栓	无松动
			逆变器输出端三相屏蔽线	无短路，绝缘电阻≥5MΩ
			逆变器防水接插件	紧固，防水有效
			输入端两相母线绝缘防护	无破损、老化、铜线裸露
			输入端两相母线螺栓	无松动
		绝缘检查	A 相对车体绝缘电阻	≥5MΩ
			B 相对车体绝缘电阻	≥5MΩ
			C 相对车体绝缘电阻	≥5MΩ
			逆变器正极对车体绝缘电阻	≥5MΩ
			逆变器负极对车体绝缘电阻	≥5MΩ
		冷却检查	电机通风	正常
			电机风扇	工作正常
			电机冷却液泵	工作正常，冷却液位在规定范围内
			冷却管路	接头无渗漏，管路无破损
2	动力电池系统	蓄电池系统	系统连线	各部位线路固定可靠、整齐
			温度	温度采集数据正常
			单体电压	单体电压采集数据正常，电压在规定范围内
			总电压	系统总电压在规定范围内
		电池箱	冷却风扇工作状态	工作正常
			通风冷却滤网除尘	滤网无堵塞，箱体内无灰尘
			高压线束连结端紧固	联结牢固、可靠
			箱体安装固定检查	螺栓紧固力矩符合要求
3	电动辅件系统	电动转向	工作状况	高压上电状态下正常工作
			DC/AC 输入、输出电压	符合产品说明书要求
		电动空压机	工作状况	高压上电状态下正常工作
			DC/AC 输入、输出电压	符合产品说明书要求
		电动真空助力器	工作状况	高压上电状态下正常工作
			DC/AC 输入、输出电压	符合产品说明书要求
		DC/DC	工作状况	高压上电状态下正常工作
			DC/DC 输入、输出电压	符合产品说明书要求
		电动压缩机	工作状况	高压上电、空调制冷状态下正常工作
		绝缘检查	各附件系统的高压线束	连接可靠、无破损
			各高压系统输入、输出对车体绝缘电阻	≥5MΩ

1.4.5 附加作业项目及要求

常规系统，高压系统的二级维护作业是分别参考表 6.4 和表 6.5 所列进行汽车故障诊断，以消除电动汽车故障，使电动汽车恢复正常技术状况为目的的作业项目和作业内容。常规系统高压系统的附加作业项目的技术要求应符合车辆使用说明书的要求，如说明书不明确的则以国家、行业及地方标准相关要求为准。常规系统、高压系统的二级维护作业项目，包括基本作业项目和附加作业项目。

1.4.6 竣工检验

电动汽车在完成常规系统、高压系统二级维护后，应进行竣工检验。

竣工检验时，各项目参数应符合产品使用说明书，如使用说明书不明确时，应以国家标准、行业标准及地方标准为准。

竣工检验不合格的车辆应进行进一步的检验、诊断和维护，直到达到维护竣工技术要求为止。其中，常规系统二级维护竣工技术要求应按 GB/T 18344-2001 表 4 规定；电动汽车高压系统二级维护竣工检验应在整车高压上电情况下检查、检验，技术要求符合表 6.7 所列规定。

表 6.7 高压系统二级维护竣工技术要求

序号	检测部位	检测项目	技术要求
1	驱动电机及控制器	转速	符合原厂规定
		正常工作	专用诊断仪无指示电机故障
2	动力蓄电池系统	总电压	符合规定
		外接充电状态	使用充电桩外接充电时，无充电中断现象，充电 SOC 显示 100%，系统应自动终止充电
		电池工作状态	正常，专用诊断仪检查，无动力蓄电池故障指示
		电池通风工作状态	正常
		高压配电箱中各电器件状态	电器件安装牢固、无烧蚀或损坏
3	电动辅件系统	电动转向泵工作状态	转向自如，系统工作正常
		电动空压机工作状态	系统工作正常，整车气压回路压力负荷规定
		电动真空助力器工作状态	系统工作正常，制动力符合规定
		DC/AC 逆变器工作状态	符合规定
		DC/DC 直流电源变换器工作状态	符合规定
		电动空调压缩机工作状态	符合规定
		车载充电机工作状态	
4	发电机及控制器	工作状态	符合规定
		与转速匹配的发电量	符合规定
5	高压绝缘系统	检查整车高压系统输入、输出端与车体之间的绝缘电阻	绝缘电阻≥5MΩ

1.5 吉利帝豪 EV300 高压系统二级维护实例

1.5.1 作业装备

1. 安全防护 1

（1）安装车轮挡块、设置隔离栏和警示牌。

导学视频

(2)检查绝缘手套、护目镜和安全帽。
(3)穿戴绝缘鞋。

2. 外检作业

检查车身状况。

3. 检查车辆参数

(1)记录车辆型号、车辆识别码。
(2)记录电机型号。
(3)电池容量。
(4)工作电压。
(5)里程表读数。

4. 安全防护2

(1)安装座椅套、方向盘套和地板垫。
(2)安装翼子板布和前格栅布。

1.5.2 检查作业

1. 前舱检查

(1)检查前舱附件：前舱盖锁及其附件。
(2)检查油液：制动液液位、电机冷却液液位及浓度、暖风水加热补偿水桶液位及浓度。
(3)检查油液管路：冷却系统软管的安装、连接情况及有无裂纹、损伤和泄漏。
(4)检查高压组件：外观是否变形、是否有油液，高低压线束或插接件是否松动。
(5)检查低压电源系统：测量并分别记录低压电源系统静态时和上电后的电压。

2. 车内检查

(1)检查仪表板：高压启动指示灯是否正常点亮。
(2)检查空调系统：空调风量、模式、内外循环，打开AC和AUTO，调节温度检查冷暖功能、除霜功能。
(3)充电系统检查：检查各充电口处是否有异物、烧蚀等情况，检查车辆能否正常充电及充电时仪表显示是否正常。
(4)检查控制模块：使用专用诊断设备，连接诊断口，查看各高压管理系统（VCU、PEU、BMS）故障码（记录后清除）；检查动力电池单体电池电压、温度、总电压、SOC，并记录。
(5)检查灯光系统：检查外部灯光是否点亮正常，检查前大灯变光功能是否正常。

3. 底盘检查（车辆举升到合适高度）

(1)检查冷却系统：目视检查散热器有无泄漏、变形等。
(2)检查空调系统：目视检查冷凝器有无脏污、变形及泄漏等。
(3)传动系统：检查传动轴及球笼防尘罩。
(4)检查前后悬架：检查前后悬架装置是否有磕碰、变形。
(5)检查制动系统：目视检查制动摩擦片和制动盘，检查车轮轴承有无游隙，检查制动管路的安装、连接、损伤情况及有无漏油，制动软管有无老化。
(6)紧固动力电池系统：检查动力电池总成固定螺栓是否锈蚀及紧固情况、接地线束紧固情况，并按一定扭矩对动力电池总成固定螺栓上扭矩。
(7)检查动力总成系统：检查动力总成系统是否漏液、磕碰；驱动电机安装支架有无损坏；动力总成与车身、驱动电机与减速器、接地线束紧固情况（检测螺栓上的漆标，若漆标位置有移动则对螺栓进行紧固，若无则不做要求）；检查高压部件是否有涉水痕迹。

1.5.3 更换作业

1. 动力总成系统

（1）拆下减速器放油螺栓，放尽减速器油。

（2）加注减速器油液至合适液位。

（3）检查减速器放油螺栓有无泄漏。

（4）排放电机（电池）冷却液。

（5）加注电机（电池）冷却液至合适液位并排气。

（6）检查电机冷却液排液管路有无泄漏。

2. 高压总成

（1）检查各高压线束状态：接触面有无烧蚀、线束绝缘性能（检查前严格执行断电流程）。

（2）更换高压组件：对不合格或存在故障的高压总成进行维修或更换。

1.5.4 竣工检查

1. 整车

（1）检查整车上电状态、仪表状态。

（2）各系统故障码读取。

（3）高压管理系统数据流读取。

（4）试车。

2. 整理作业

（1）拆卸翼子板布和前格栅布（若有试车检验，则试车前要先拆下）。

（2）拆卸座椅套、地板垫、方向盘套。

任务评价

对各自完成的任务和小组代表展示的情况进行自评、互评，讲师按"考核及评价表"对学生训练过程、训练结果（含任务工单）进行评估。

自我评价

1. 训练任务的关键技能及基本技能有没有掌握？

评价情况：_____

2. 训练任务的目标有没有实现？效果如何？

评价情况：_____

3. 100分的任务，您给自己多少分：_____

小组评价

1. 训练任务的关键技能及基本技能有没有掌握？

评价情况：_____

2. 训练任务的目标有没有实现？效果如何？

评价情况：_____

参评人员：_____

3. 100分的任务，您给他（她）多少分：_____

😊 **老师评价**

老师评价：

按"考核及评价表"对学生训练过程、训练结果进行评估。

评价情况：_____

老师签名：_____ 日期：_____

😊 **总体评价**

老师总体评价：

按比例自我评价：小组评价：教师评价＝10%：10%：80%给出总体评价。

总体评价情况：_____

老师签名：_____ 日期：_____

附件：考核及评价表

表 6.8

姓名		身份证号码				学号		
专业			班级			日期		
类别	项目	考核内容			得分	总分	评分标准	教师签名
理论	知识准备（100分）	1. 日常维护的内容。（20分）					根据完成情况打分。	
		2. 一级维护的内容。（20分）						
		3. 二级维护的内容。（20分）						
		4. 高压系统维护主要情况。（40分）						
技能	技能目标（60分）	1. 会进行高压系统的绝缘检查。	会□/不会□				1. 单项技能目标"会"该项得满分，"不会"该项不得分。2. 全部技能目标均为"会"记为"完成"，否则，记为"未完成"。	
		2. 会更换电机冷却液、会更换减速器齿轮油。	会□/不会□					
		任务完成情况	完成□/未完成□					
	任务完成质量（40分）	1. 操作熟练程度。（10分）					1. 任务"未完成"此项不得分。2. 任务"完成"，根据完成情况打分。	
		2. 准确率。（20分）						
		3. 工作效率或完成任务速度。（10分）						
	安全文明操作	1. 遵守操作规程，养成严谨科学的工作态度。2. 尊重他人劳动，不窃取他人成果。3. 规范操作，安全生产。4. 严格执行5S现场管理。					1. 违反考场纪律，视情况扣20～45分。2. 发生设备安全事故，扣45分。3. 发生人身安全事故，扣50分。4. 实训结束后未整理实训现场扣5～10分。	

续表

评分说明	

备注：
1. 评分表原则上不能出现涂改现象，若出现则必须在涂改之处签字确认。
2. 每次考核结束后，教师必须及时将成绩录入，并将评价表纸质稿进行存档。
3. 如果违反职业素质目标要求，则根据实际情况给予扣分。

老师签名：_____ 日期：_____

附件：吉利帝豪 EV300 轿车二级维护作业流程（表 6.9）

表 6.9　二级维护作业流程表

序号	作业类型+作业对象+作业内容	数据或异常情况记录	维修措施
	举升位置 1（举升机在最低位置）		
01	作业准备- 安全防护。 -安装车轮档块、设置隔离栏和警示牌。 -检查绝缘手套、护目镜和安全帽。 -穿戴绝缘鞋（进入工位前提前穿戴好）。	绝缘手套耐压等级：	
02	作业准备- 外检作业。 -检查车身状况、轮胎气压。	左前： 右前： 左后： 右后：	
03	作业准备-车辆参数。 - 记录车辆型号、车辆识别码、电机型号、电池容量、工作电压、里程表读数。	记录车辆型号： 车辆识别码： 电机型号： 电池容量： 工作电压： 里程表读数：	
04	作业准备- 安全防护。 - 安装座椅套、方向盘套和地板垫。		
05	作业准备- 安全防护。 - 安装翼子板布和前格栅布。		

续表

序号	作业类型+作业对象+作业内容	数据或异常情况记录	维修措施
举升位置1（举升机在最低位置）			
06	检查作业-前舱附件。 -检查前舱盖锁及其紧固件。		
07	检查作业-制动系统。 -检查制动液液位。		
08	检查作业-电机（电池）冷却系统。 -检查电机冷却液液位、冰点。	冷却液型号： 冰点：	
09	检查作业-暖风水加热系统。 -检查暖风水加热补偿水桶液位、冰点。	冷却液型号： 冰点：	
10	检查作业-冷却系统。 -检查各冷却系统软管的安装、连接情况及有无裂纹、损伤和泄漏。		
11	检查作业-高压组件。 -检查高压组件外观是否变形，是否有油液。		
12	检查作业-高压组件。 -检查高低压线束或插接件是否松动。	前舱插头连接情况： □正常 □异常	
13	检查作业-充电系统。 检查各充电连接器接口处是否有异物、烧蚀等情况。	（1）外接充电防盗锁： □正常　　□不正常 （2）充电口照明灯： □正常　　□不正常	
14	检查作业-充电系统。 -检查车辆能否正常充电及充电时仪表显示是否正常。	（1）充电线连接指示灯： □点亮　　□不亮 □点亮后熄灭 （2）充电指示灯： □点亮　　□不亮 □点亮后熄灭 （3）充电时指示灯： □白色　□绿色　□红色 □黄色　□蓝色 所亮指示灯的含义：	
15	检测作业-低压电源系统。 -测量并记录低压电源系统电压（静态、上电后）。	静态： 上电：	

项目6　新能源汽车的维护与修理

续表

序号	作业类型+作业对象+作业内容	数据或异常情况记录	维修措施
	举升位置1（举升机在最低位置）		
16	检查作业- 转向系统。 - 检查转向柱的倾斜及其锁止情况。		
17	检测作业-转向系统。 转向盘自由转动量。	测量值： 标准值：	
18	检查作业- 仪表板。 - 检查高压启动指示灯。	(1) READY 指示灯： □点亮　　□不亮 □点亮后熄灭 (2) 系统故障指示灯： □点亮　　□不亮 □点亮后熄灭	
19	检查作业- 空调系统。 -检查风量、模式、内外循环；分别打开 AC 和 AUTO，调节温度检查冷暖功能、除霜功能。		
20	检查作业- 动力电池。 -检查动力电池单体电池电压、温度、总电压、SOC。	(1) 单体电池电压： 最大： 最小： (2) 单体电池温度： 最大： 最小： (3) 电池总电压： (4) SOC：	
21	检查作业- 灯光系统。 -检查外部灯光是否点亮正常。		
22	检查作业- 灯光系统。 检查前大灯变光功能是否正常。		
23	检查作业- 故障诊断。 检查高压管理系统（VCU、PEU、BMS）故障码（记录后清除）。	□无 DTC □有 DTC	
24	检查作业- 高压系统。 车辆维修安全（标准断电）。	断电等待时间：	
	举升位置2（升起举升机至合适高度）		
25	检查作业- 冷却系统。 - 目视检查散热器有无泄漏、变形等。		
26	检查作业- 空调系统。 - 目视检查冷凝器有无脏污、变形及泄漏等。		

续表

序号	作业类型+作业对象+作业内容	数据或异常情况记录	维修措施
举升位置2（升起举升机至合适高度）			
27	检查作业-传动系统。 -检查传动轴及球笼防尘罩。		
28	检查作业-前后悬架。 -检查前后悬架装置。		
29	检查作业-制动系统。 -目视检查制动摩擦片和制动盘。		
30	检查作业-制动系统。 -检查车轮轴承有无游隙。		
31	检查作业-制动系统。 -检查制动管路的安装、连接、损伤情况及有无漏油，制动软管有无老化。		
32	检查作业-动力电池系统。 -检查动力电池托盘有无变形/磕碰、防撞梁有无损坏、动力电池高低压连接器清洁度/腐蚀/破损/紧固情况。	动力电池铭牌信息： 标称电压： 电池容量：	
33	紧固作业-动力电池系统。 -检查动力电池总成固定螺栓是否锈蚀及紧固情况、接地线束紧固情况。	（1）动力电池固定螺栓紧固力矩： （2）动力电池接地线紧固情况： ①力矩： ②接地电阻： 实测值： 标准值：	
34	检查作业-动力总成系统。 -检查动力总成系统是否漏液、磕碰；驱动电机安装支架有无损坏；动力总成与车身、驱动电机与减速器、接地线束紧固情况（检测螺栓上的漆标，若漆标位置有移动则对螺栓进行紧固，若无则不做要求）。	（1）动力总成与车身紧固力矩： （2）动力总成接地线紧固情况： ①力矩： ②接地电阻： 实测值： 标准值： （3）驱动电机与减速器紧固力矩：	
35	检查作业-动力总成系统。 -检查高压部件是否有涉水痕迹。		
36	更换作业-动力总成系统。 -拆下减速器放油螺栓，放尽减速器油。		
37	更换作业-动力总成系统。 -排放电机（电池）冷却液。		
38	更换作业-动力总成系统。 -加注减速器油液至合适液位。	减速器油型号： 标准加注量：	

续表

序号	作业类型+作业对象+作业内容	数据或异常情况记录	维修措施
	举升位置2（升起举升机至合适高度）		
39	检查作业-高压系统（含附件系统）。 -高压线束状态（接触面有无烧蚀、绝缘性）。	1. 确认高压回路切断。 动力电池HV+与HV-之间： 2. 绝缘性（绝缘电阻）。 （1）绝缘测试仪选择电压： （2）动力电池供电线路： ①1号端子与车身接地之间： 实测值： 标准值： ②2号端子与车身接地之间： 实测值： 标准值： （3）动力电池充电线路： ①1号端子与车身接地之间： 实测值： 标准值： ②2号端子与车身接地之间： 实测值： 标准值：	
	举升位置3（落下举升机至车轮接地）		
40	作业准备-安全防护。 -安装车轮档块。		
41	检查作业-高压系统（含附件系统）。 高压状态（接触面有无烧蚀、绝缘性、三相间、接地电阻）。	1. 确认高压回路切断。 电机控制器HV+与HV-之间： 2. 绝缘性（绝缘电阻）。 （1）绝缘测试仪选择电压： （2）交流充电口： ①L对PE： 实测值： 标准值： ②N对PE： 实测值： 标准值： （3）直流充电口： ①DC+对PE： 实测值： 标准值： ②DC-对PE： 实测值： 标准值： （4）车载充电机输入端： ①L对充电机壳体：	

续表

序号	作业类型+作业对象+作业内容	数据或异常情况记录	维修措施
	举升位置3（落下举升机至车轮接地）		
41	检查作业-高压系统（含附件系统）。 高压状态（接触面有无烧蚀、绝缘性、三相间、接地电阻）。	实测值： 标准值： ②N对充电机壳体： 实测值： 标准值： （5）车载充电机输出端： ①HV+对充电机壳体： 实测值： 标准值： ②HV-对充电机壳体： 实测值： 标准值： （6）电机： ①1号端子对电机壳体： 实测值： 标准值： ②2号端子对电机壳体： 实测值： 标准值： ③3号端子对电机壳体： 实测值： 标准值： 3. 电机三相线束。 （1）三相线束短路： ①1号端子与2号端子之间： 实测值： 标准值： ②1号端子与3号端子之间： 实测值： 标准值： ③2号端子与3号端子之间： 实测值： 标准值： （2）三相线束断路： ①BV19的1号端子与BV18的1号端子之间： 实测值： 标准值： ②BV19的2号端子与BV18的2号端子之间： 实测值： 标准值： ③BV19的3号端子与BV18的3号端子之间： 实测值： 标准值：	

续表

序号	作业类型+作业对象+作业内容	数据或异常情况记录	维修措施
	举升位置3（落下举升机至车轮接地）		
41	检查作业- 高压系统（含附件系统）。 高压状态（接触面有无烧蚀、绝缘性、三相间、接地电阻）。	（3）三相线束对地短路： ①1号端子与车身接地之间： 实测值： 标准值： ②2号端子与车身接地之间： 实测值： 标准值： ③3号端子与车身接地之间： 实测值： 标准值： 4. 接地电阻 （1）车载充电机： 实测值： 标准值： （2）电机控制器： 实测值： 标准值： （3）空调压缩机： 实测值： 标准值： （4）暖风加热器： 实测值： 标准值：	
42	更换作业-高压组件的更换。 (根据操作流程合理优化安排更换时的举升位置)。	（1）组件固定螺栓紧固力矩： （2）接地线（若有）螺栓紧固： ①力矩： ②接地电阻： 实测值： 标准值：	
43	更换作业- 动力总成系统。 -加注电机（电池）冷却液至合适液位并排气。	冷却液型号： 标准加注量：	
	举升位置4（升起举升机至合适高度）		
44	检查作业- 动力总成系统。 -检查电机冷却液排液管路有无泄漏。		
45	检查作业- 动力总成系统。 -检查减速器放油螺栓有无泄漏。		
	举升位置5（落下举升机至最低位置）		
46	作业准备- 安全防护。 - 安装车轮档块。		

续表

序号	作业类型+作业对象+作业内容	数据或异常情况记录	维修措施
	举升位置5（落下举升机至最低位置）		
47	竣工检验-整车。 -检查整车上电状态、仪表状态；各系统故障码读取；高压管理系统数据流读取。	（1）READY指示灯： □点亮　□不亮 □点亮后熄灭 （2）系统故障指示灯： □点亮　□不亮 □点亮后熄灭 （3）数据流： ①单体电池电压。 最大： 最小： ②单体电池温度。 最大： 最小： ③电池总电压： □正常　□不正常 （4）故障码： □无 DTC □有 DTC	
48	整理作业-安全防护。 -拆卸翼子板布和前格栅布。		
49	整理作业-安全防护。 -拆卸座椅套、地板垫、方向盘套。		
50	整理作业-工量具、设备、场地。 -清洁整理工量具、设备、场地。		

延伸阅读1

电动汽车维修安全须知

新能源汽车上的用电设备分低压用电部件与高压用电部件，低压用电部件包括仪表、音响、灯光、喇叭、蜂鸣器和鼓风机等；高压用电部件包括驱动电机、驱动电机控制器、高压电池组、高压配电箱、高压转换器（DC/DC）、车载充电器、空调压缩机、空调暖风机（PTC）等。维修时要注意高压动力电池的电压等级，避免产生触电危险。

高压部件上贴有橙黄色警告标签，注意警告标签上的内容要求。为了避免触电伤害，禁止触碰高压部件、高压电缆（橙色）及其连接头。

如果车上的电缆裸露或破损，静止触碰，以防触电。

禁止非专业维修人员随意解除、拆解或改装用电设备，否则触碰到高压电将导致人员烧伤，甚至触电死亡等严重后果。

延伸阅读 2

电动汽车修理安全措施

1. 绝缘护具

A：绝缘防护服

B：绝缘胶鞋

C：防护眼镜

D：绝缘手套

维修人员操作前必须穿戴好绝缘防护用品。

—穿好绝缘防护服。

—穿好绝缘胶鞋。

—戴好防护眼镜。

—戴好绝缘手套：根据工作情况选择相应的防高压电工手套或防电池电解液酸碱性手套。

注意：使用前必须检查绝缘防护用品，保证其无破损、破洞和裂纹、内外表面清洁、干燥、不能带水进行操作，确保安全。

2. 绝缘工具

A：绝缘胶垫

B：绝缘工具

C：动力电池安装堵盖

D：动力电池工作台

绝缘工具的使用：

—在维修区域垫上绝缘胶垫。

—维修人员对带电部件操作时必须使用绝缘工具。

—在拔出维修开关后必须使用动力电池安全堵盖将维修开关口堵住。

—检修动力电池和电控元件时必须使用带绝缘垫的专业工作台。

注意：使用前必须检查绝缘工具，保证其无破损、破洞和裂纹、内外表面清洁干燥。不能带水进行操作，确保安全。

3. 维修场地

A：高压警示牌

B：干粉灭火器、二氧化碳或磷酸铵盐类灭火器

C：警戒线

D：专用维修工位接地线

维修场地要求：

—在维修作业前需要采用隔离措施：使用警戒栏隔离，并树立高压警示牌，以警示不相关人员远离该区域，避免发生安全事故。

—维修场地指定位置必须配备消防栓，使用清水灭火。

—在维修高压设备前，将车身用搭铁线连接到电动车专用维修工位的接地线上。

—安装专用的交流电路（220V 50Hz 16A）和电源插座。如果给电动车充电时没有使用专用线路，可能影响线路上的其他设备的正常工作。

—保持工作环境干净且通风良好，远离液体和易燃物。

4. 维修安全

维修操作安全注意事项：

－维修开关由专人保管，防止有人误操作。维修开关拔出后，需要等待5min以上，待电机控制器、充电机等内部有电容元件的部件充分放电。

－维修车辆时，必须设置专职监护人一名，监护人及维修人员必须具备国家认可的《特种作业操作证（电工）》与初级（含）以上电工证（职业资格证书）。

－监护人工作职责为监督维修的全过程：

－－监督维修人员组成、工具使用、防护用品佩戴、备件安全保护、维修安全警示牌等是否符合要求。

－－检查维修开关的接通与断开。

－－负责对维修过程中的安全维修操作规程进行检查，监护人要按安全维修操纵规程进行检查、按维修操作规程指挥操作，维修人员在做完一个操作后要告知监护人，监护人要在作业流程单上做标记。

－－禁止未培训的人员进行高压部分的检修，禁止一切人员带有侥幸心理进行危险操作，避免发生安全事故。

延伸阅读3

电动汽车安全操作

1. 检修高压系统

－在车辆上电前，注意确认是否还有人员在进行高压维修操作，避免发生危险。

－检修高压系统时，断开启动开关电源，脱开蓄电池负极电缆和断开维修开关，由专职监护人员保管，并确保在维修过程中不会有人将其重新安装。

－检修高压线时，对拆下的任何裸露出的高压部位，应立刻用绝缘胶带包扎绝缘。

－安装高压线时，必须按照车身固定孔位要求将线束固定好。

－不能用手指触摸高压线束插接件里的带电部分以免触电，另外应防止有细小的金属工具或铁条等接触到插接件中的带电部分。

2. 使用万用表测量

－检修高压系统前应使用万用表测量整车高压回路，确保无电，方法为：拔出维修开关5min后，测量动力电池和车身之间的电压来初步判断是否漏电，若检测到电压大于等于50V，应立即停止操作，检查判断漏电部位。

－使用万用表测量高压时，需注意选择正确量程，检测用万用表精度不低于0.5级，要求具有直流电压测量档位，量程范围大于等于500V。

－使用万用表测量高压时，需遵守"单手操作"原则。

－所使用的万用表一根线上配备绝缘鳄鱼夹（要求耐压为3kW，过流能力大于5A），测量时先把鳄鱼夹夹到电路的一个端子，然后用另一只表笔接到需测量端子测量读数，每次测量时只能用一致手握住表笔。

－使用万用表测量高压时，严禁触摸表笔金属部分。

3. 车辆处理

车辆发生异常、事故、火灾和侵入水中：

－如果车辆发生事故，不允许再次启动车辆，并且在救援前将维修开关断开。

－如果车辆发生任何异常，操作人员应穿戴好绝缘防护用品后立即拔出维修开关，再进行正常维修作业或拖车作业。

—如果车辆起火则应立即使用大量清水灭火。

—车辆浸入水中,在打捞前必须等待水面无气泡和吱吱声产生,电量消耗后,穿戴好绝缘防护用品才能进行打捞作业,以防触电。

4. 检修动力电池

—在检查动力电池时,为了防止电解液泄漏造成人员伤害,维修人员必须佩戴防止电池电解液酸碱性手套和防护眼镜,防止电解液腐蚀皮肤和溅入眼中。

—拔出维修开关后,需使用维修开关堵盖将维修开关口堵住。

—拔出维修开关只是切断了从动力电池到高压用电设备的电源,动力电池仍然是有电的,当需要检修动力电池时,应使用绝缘胶带包好裸露出的高压部件,避免触电。

—需要拆下动力电池时,应使用液压升降车。

—搬运动力电池至电池维修专业工作台时,应用动力电池专用吊架,严禁直接用手抬动动力电池。

—液压升降机台面中心支撑电池包地面中心靠后约三分之二处,以免电池跌落。

任务 2　无法上电故障的检修

思政教育

学会与他人合作、协调工作,并在团队中充分发挥个人的优势,共同解决问题。培养坚韧精神,面对挑战时坚持不懈、勇往直前,培养解决问题的毅力和意志力。帮助学生提升解决问题的能力,培养团队合作与协作精神,增强技术操作与安全意识,注重学生坚韧与毅力的培养,为他们的未来发展提供思想基础。

任务导言

新能源汽车上电成功是正常行驶的前提。车辆无法上电是常见的一种故障,通过本任务的学习,了解如何对新能源汽车无法上电进行诊断与排除。

任务学习知识要求

1. 会看新能源汽车高压系统电路;
2. 会看新能源汽车低压系统电路。

任务学习技能要求

1. 能够总线故障进行排除;
2. 能够对低压线束进行测量。

任务学习重点、难点

1. 重点:电路图的查阅,故障码、数据流的读取;
2. 难点:无法上电故障的分析思路。

任务学习所需设备、器材

1. 吉利帝豪 EV300 纯电动汽车一辆;

2. 防护工具一套；
3. 绝缘检测工具套装；
4. 解码器一台。

2.1 故障现象

一辆吉利帝豪 EV300 纯电动轿车，发生无法上电的故障，检测蓄电池电压为 12.78V，仪表显示，动力系统故障指示灯点亮，且绿色"ready"灯不亮，如图 6.1 所示。

2.2 故障检查

车辆低压系统供电正常，连接解码器，对全车系统扫描，发现只能进入 14 个系统模块，并且存在故障码。多个故障码如 U014287-VCU 报文丢失、VCU 通信丢失等，均与整车控制模块 VCU 有关。解码器进入"整车控制器"模块扫描，发现解码器与车辆通讯不成功，但解码器能进入 BMS 等模块，如图 6.2-图 6.4 所示。

图 6.1 故障灯及仪表显示

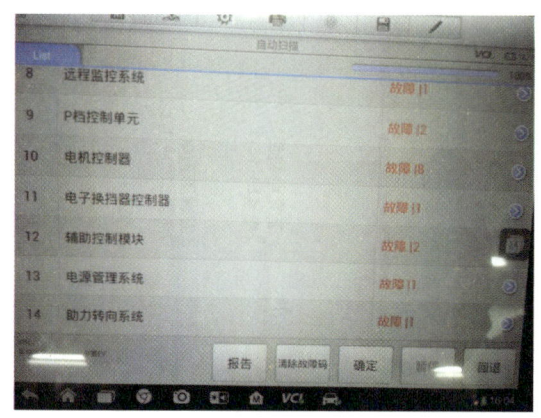

图 6.2 解码器全车系统扫描结果

图 6.3 故障码显示

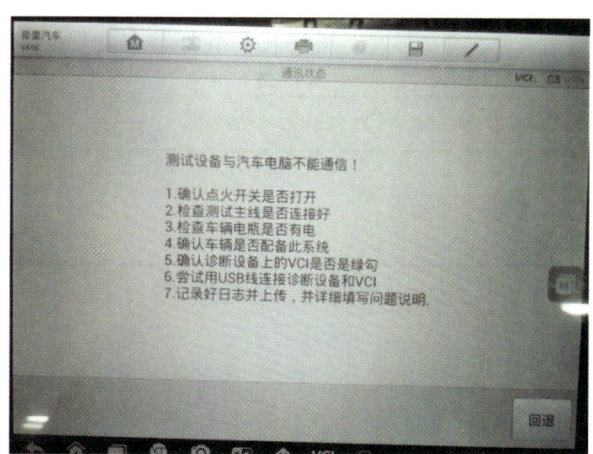

图 6.4 无法进入 VCU 控制模块

2.3 故障排除

车辆无法上电受诸多因素影响,查找该车的电路图,如图 6.5、图 6.6 所示,为整车控制器 VCU 的电路及连接情况。解码器无法进入 VCU 控制模块,则可能的原因有:
- VCU 模块的供电异常。
- VCU 模块的搭铁线束异常。
- VCU 模块的通讯线异常。
- VCU 模块自身故障。

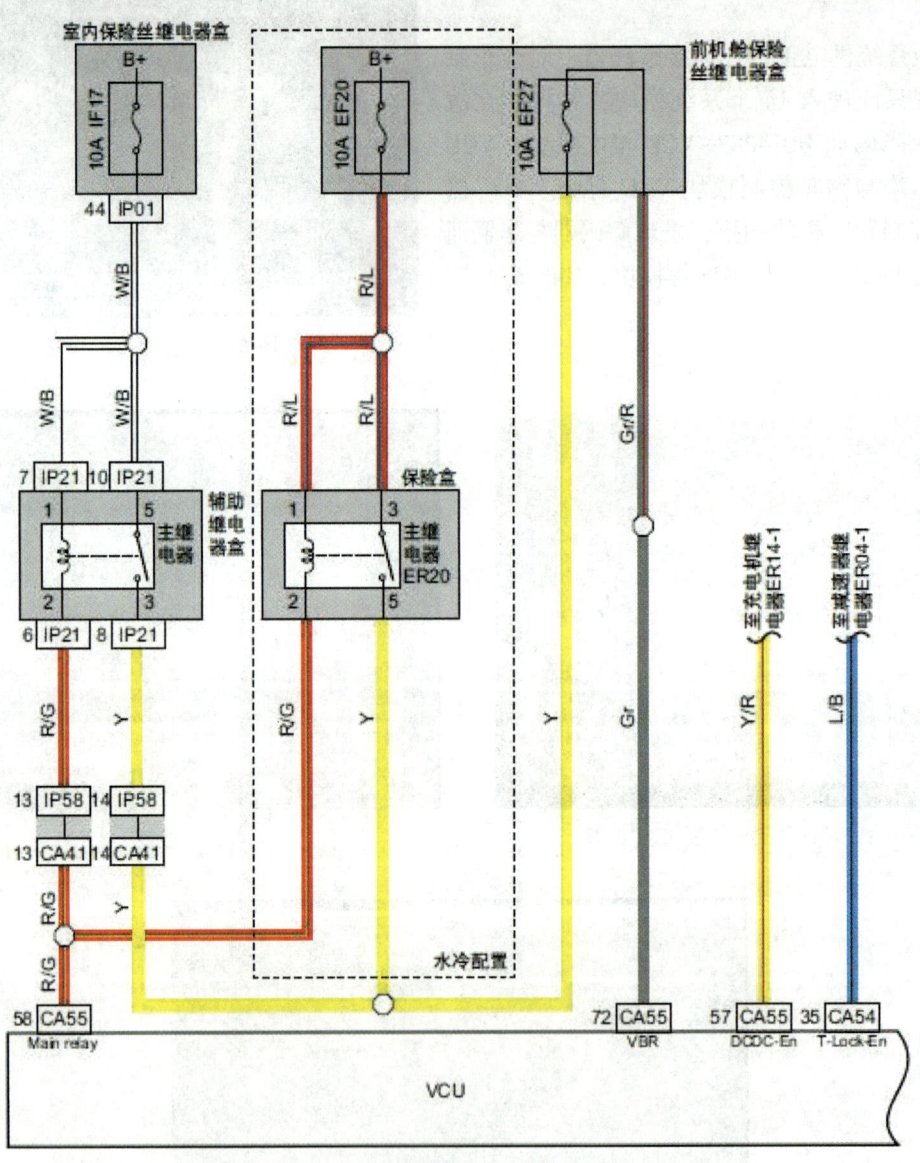

图 6.5 VCU 控制单元电路连接情况(一)

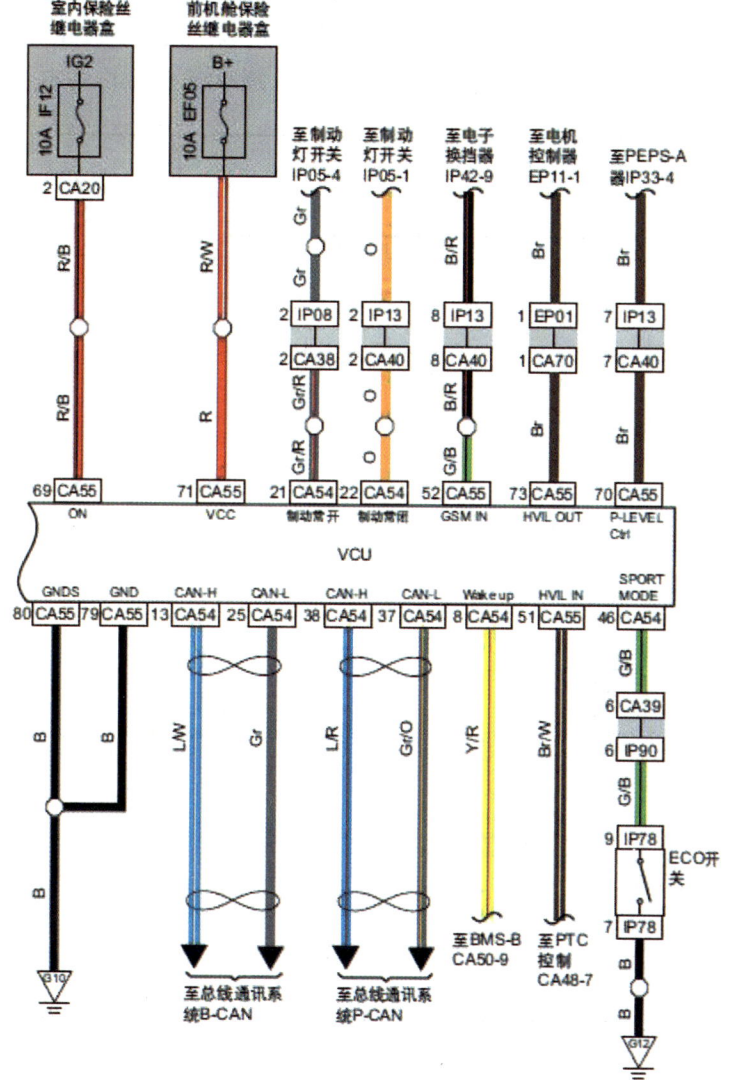

图 6.6　VCU 控制单元电路连接情况（二）

查找电路，发现 VCU 线束插头 CA55 的 72 号端子、69 号端子、71 号端子为供电线，CA55 的 79 号端子、80 号端子为搭铁线。打开点火开关，分别测量上述几个供电端子的对地电压；关闭点火开关，分别测量上述几个搭铁端子对地电阻值。测得数据和参考数据见表 6.10 所列。

表 6.10　VCU 供电搭铁端子测量数据

序号	测量部位	测量条件	实测数据	参考数据	是否正常
1	CA55-72→GND	打开点火开关	12.75 V	12.78V	是
2	CA55-69→GND	打开点火开关	12.64 V	12.78V	是
3	CA55-71→GND	打开点火开关	12.57 V	12.78V	是
4	CA55-79→GND	关闭点火开关	0.3Ω	<1Ω	是
5	CA55-80→GND	关闭点火开关	0.3Ω	<1Ω	是 |// 注：GND 表示车身搭铁。

供电、搭铁均正常，进一步对通信线路进行检查。查找电路，发现 VCU 线束插头 CA54 的 38 号端子、37 号端子分别为动力 CAN（P-CAN）的高线和低线，CA54 的 13 号端子、25 号端子分别为舒适

CAN（B-CAN）的高线和低线。考虑影响车辆上电的因素如果是总线故障，则动力 CAN 存在异常的可能性更大，故对动力 CAN 的高、低线进行测量。这里采用测量电阻法。查找电路图，和 VCU 相连接的动力 CAN 网络如图 6.7 所示，其中电机控制器 PEU 和电池管理系统 BMS 内各有一个 120Ω 的终端电阻。

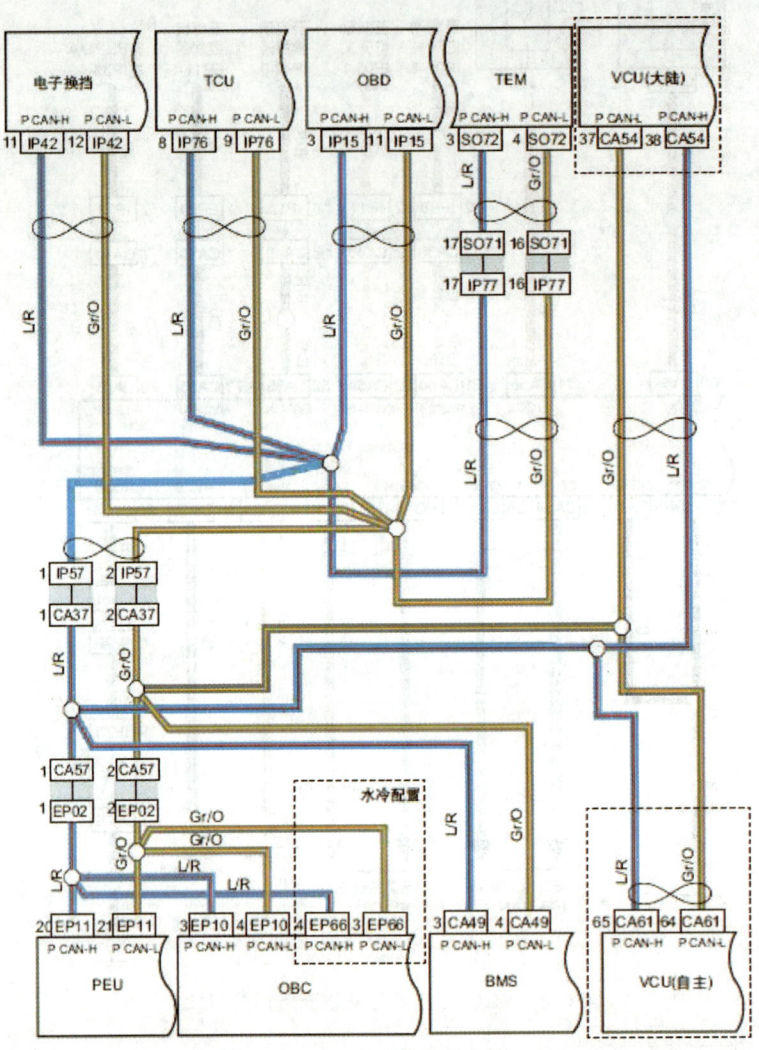

图 6.7 含 VCU 模块的动力 CAN 网络

关闭点火开关，断蓄电池负极，将 CA54 插头从 VCU 上拔下进行电阻测量，测量数据见表 6.11 所列。

表 6.11 VCU 动力 CAN 端子测量数据

序号	测量部位	测量条件	实测数据	参考数据	是否正常
1	CA54-38→GND	关闭点火开关	∞	∞	是
2	CA54-37→GND	关闭点火开关	∞	∞	是
3	CA54-38→CA54-37	关闭点火开关	49.05 kΩ	60Ω 左右	否

测量发现，VCU 的动力总线端子的终端电阻异常，综合故障现象和故障码判断，为 CA54-38 或 CA54-37 端子所在线束故障。进一步查找电路并测量，如图 6.7 所示的电路显示，断开位于前舱保险丝继电器盒下方接插头 CA57 和 EP02，进行线束通断测量，如图 6.8 所示，测量结果见表 6.12 所列。

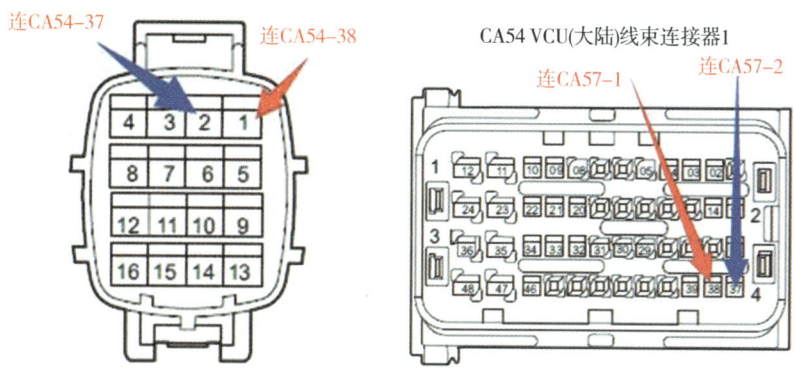

图 6.8 需要测量的两个插头对应端子

表 6.12 VCU 动力 CAN 线束通断测量数据

序号	测量部位	测量条件	实测数据	参考数据	是否正常
1	CA54-38→CA57-1	关闭点火开关	0.8Ω	<1Ω	是
2	CA54-37→CA57-2	关闭点火开关	50.73kΩ	<1Ω	否

2.4 故障确认

根据所测量的 CA54-37→CA57-2 电阻值异常可以判断，CA54-37 到 CA57-2 端子间线束存在断路故障，检查相关线束，发现在 VCU 下方，CA54-37 的线束（线束颜色主色为灰、辅色为橙）断开，如图 6.9 所示。重新用电烙铁接好铜线，用热缩管作绝缘处理故障线束，重新上电，上电成功，"ready" 灯亮起，如图 6.10 所示。

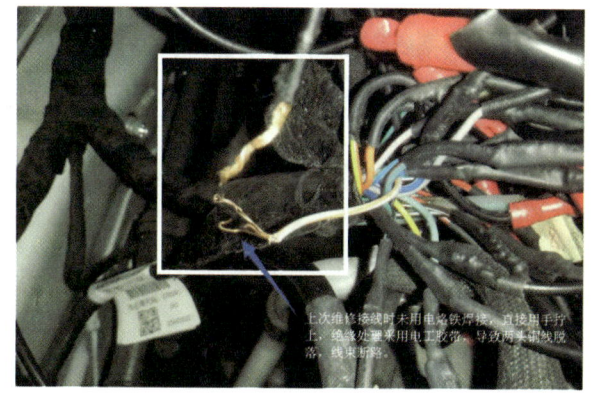

图 6.9 CA54-38 线束断路处

图 6.10 故障恢复后，上电成功

任务 3 高压互锁回路故障的检修

导学视频

思政教育

培养学生对安全的高度重视和责任感，引导他们在检修高压互锁回路时遵守相关安全规范和操作程序，确保自身和他人的安全。培养他们的问题识别和解决能力，从而能够有效地检修高压互锁回路故障。培养学生的创新精神和学习态度，引导他们持续学习和探索新的解决方法，培养解决复杂问题的能力。

任务导言

新能源汽车上电成功是正常行驶的前提。车辆无法上电是常见的一种故障，通过本任务的学习，了解如何对新能源汽车无法上电进行诊断与排除。

任务学习知识要求

1. 会看新能源汽车高压系统电路；
2. 会看新能源汽车低压系统电路。

任务学习技能要求

能够对高压互锁回路故障进行排除。

任务学习重点、难点

1. 重点：电路图的查阅，故障码、数据流的读取；
2. 难点：高压互锁回路故障的分析思路。

任务学习所需设备、器材

1. 比亚迪 e5 纯电动汽车一辆；
2. 防护工具一套；
3. 绝缘检测工具套装；
4. 解码器一台。

3.1 故障现象

一辆 2016 年新上市比亚迪纯电动轿车 e5，按下启动开关一分多钟后，仪表显示屏绿色"OK"灯未亮起，同时，提示"请检查动力系统"。这意味着车辆上电未成功，动力电池包不能输出高压电，因此整车无法正常使用。

需要说明的是，纯电动汽车的"上电"类似传统发动机轿车的"起动"。该车为学生参加电动汽车技能大赛训练用车，行驶里程为 128km。

3.2 故障诊断

根据用车师生反映的情况，对该车进行上电验证，发现车辆确实无法上电。打开机舱盖，检查线束连接情况，均连接紧固，线束外表无裸露、无破损。没有配套的诊断设备，从原理上进行分析排查。

再次分析：引起无法上电的原因可能有：

- 动力电池包电压过低。
- 动力电池包对车身漏电。
- 车辆受到碰撞。
- 高压互锁线路断开。
- 低压电池故障。

经询问，车辆未受到到碰撞。自购买以来，车辆和电池所处环境均在正常室温使用范围。先检查低压电池电压为 13.8V，正常，线束接插良好。

对高压电池检查。比亚迪e5搭载一个磷酸铁锂动力电池包，内含13个电池模组，连接方式为串联，上下两层，电压输出约为DC633.6V。动力电池包通过变频器为驱动电机提供三相高压交流电。如图6.11所示为电池包内部结构简图。

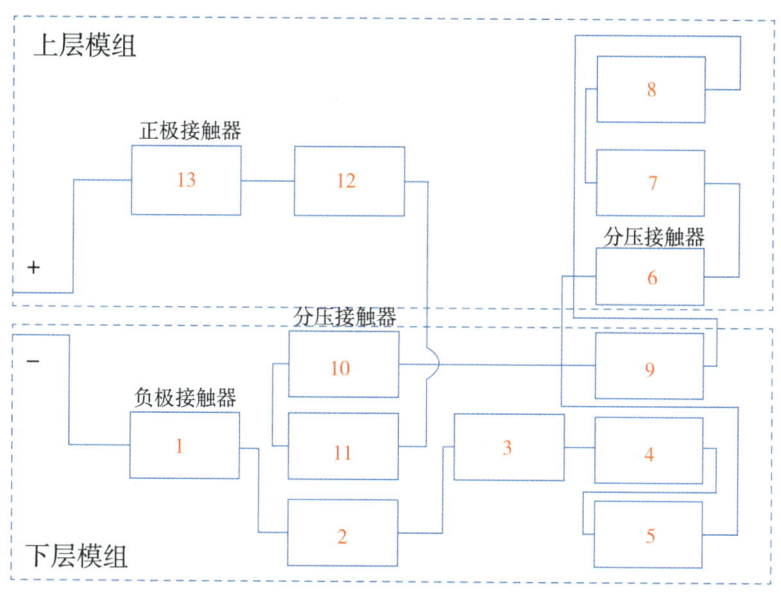

图6.11　比亚迪e5动力电池包成组结构

动力电池包内部共有4个接触器，一个正极接触器接在13号模组上，一个负极接触器接在1号模组上，两个分压接触器接在6号和10号模组上。必须4个接触器全部吸合，动力电池输出端才有电压。电池包正负极通过高压母线与四合一控制器相连接。断开低压电池负极，拔下低压电池侧面的启动插头，拆开四合一控制器端盖。再装上低压电池负极和启动插头，到车内按下启动开关。带上12 000V高压绝缘手套测量四合一控制器内动力电池母线输出电压，结果为0V，再次确认电池包内部接触器断开，无高压输出。

检查电池对车身绝缘情况，断开动力电池母线与四合一控制器连接端，检查对车身绝缘，DC+和DC-对地绝缘均为大于550MΩ，绝缘良好，排除漏电故障。

但在测量时发现母线负极插头处，有针脚损坏，该针脚为高压互锁针脚。怀疑无法上电故障就是母线负极互锁针脚损坏导致。如图6.12所示为高压互锁连接图。

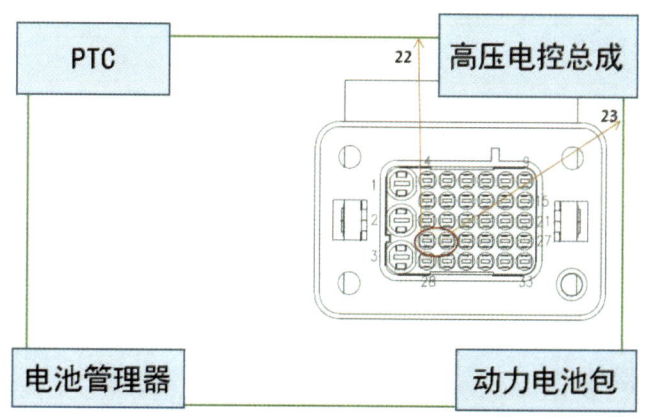

图6.12　高压互锁原理连接图

高压互锁回路接通信号是电动汽车上电成功的一个必要信号，必须接通高压互锁回路，才能正常上电。高压回路共由四部分组成—高压电控总成、动力电池包、电池管理器和PTC。具体来说，高压互锁回路依次将高压电控总成低压接插件的 22 号针脚、PTC2 号针脚、PTC1 号针脚、电池管理器 BMC02 插头的 7 号针脚、电池管理器 BCM01 插头的 1 号针脚、动力电池包的 9 号针脚、动力电池包的 14 号针脚和高压电控总成低压接插件的 23 号针脚串联起来。而高压母线处损坏的互锁针脚属于高压电控总成部分。进行验证：断开高压电控总成低压接插件，测量 22 与 23 针脚间导通情况，结果为不导通。插上高压电控总成低压接插件后将 22 与 23 针脚短接，恢复其他接插口，按下启动开关，再次测量四合一控制器内动力电池母线输出电压，结果为 628.6V。因此判断，故障原因为高压母线负极互锁针脚损坏。

3.3 故障排除

电话询问比亚迪售后，此种情况必须更换高压母线，但由于车辆上市时间短，无配件供应。将高压电控总成低压接插件 22 和 23 引线穿刺后短接，并与四合一控制器连接紧固后，接好低压电池负极。重新上电，约一分钟后仪表显示屏绿色"OK"灯亮起，上电成功，故障清除。

任务 4　无法充电故障的检修

思政教育

学生需要以严谨的态度确保故障检修工作达到质量标准，确保用户的利益和安全。此外，学生还应该关注数据安全和环境保护等方面的问题，遵守职业伦理。培养他们的环境意识、创新精神、社会责任感和道德修养，使他们在实践中获得综合素质的提升，并培养他们成为具备技术能力和社会责任感的新时代人才。

任务导言

新能源汽车的常见故障之一是无法正常充电，通过本任务的学习能够了解如何对新能源汽车无法交流充电进行诊断与排除。

任务学习知识要求

1. 会看新能源汽车交流充电系统电路；
2. 掌握新能源汽车交流充电的原理。

任务学习技能要求

能够对动力电池无法交流充电的故障进行排除。

任务学习重点、难点

1. 重点：电路图的查阅，故障码、数据流的读取；
2. 难点：无法交流充电的分析思路。

任务学习所需设备、器材

1. 比亚迪 e5 纯电动汽车一辆；
2. 防护工具一套；
3. 绝缘检测工具套装；

4. 解码器一台。

▫ 任务学习

4.1 新能源汽车的充电方式

新能源汽车的动力电池当电能消耗过多时，一般通过外接电源进行能量补给，即外部充电。外部充电的方式有直流充电和交流充电两种。电动汽车充电接口及通信协议5项国家标准（GB/T20234—2015）从2016年1月1日实施，具体规范可参考该国标。下面将分别介绍直流充电和交流充电。

4.1.1 直流充电

直流充电是通过直流充电桩将高压直流通过车载的直流充电口直接将电能加载到动力电池的正负极，为动力电池充电，直流充电又称为快充装置。

直流充电能够将电能快速的补给动力电池，在电动汽车充电时不需要等待过多的时间，仅需要30min左右即可充电80%，增加电动汽车的续驶里程，方便长途用车。直流充电方式在城市充电站、高速公路服务区已广泛建设，方便电动汽车的电能补给。

如图6.13所示为快速充电器的控制系统组成，该系统区别于传统充电器所采用的连续电流充电和脉冲电流充电方式，采用了智能化的变脉冲充电方式，即采用如图6.14所示的充电电流脉冲，包括充电脉冲T1间歇脉冲T2以及放电脉冲T3。

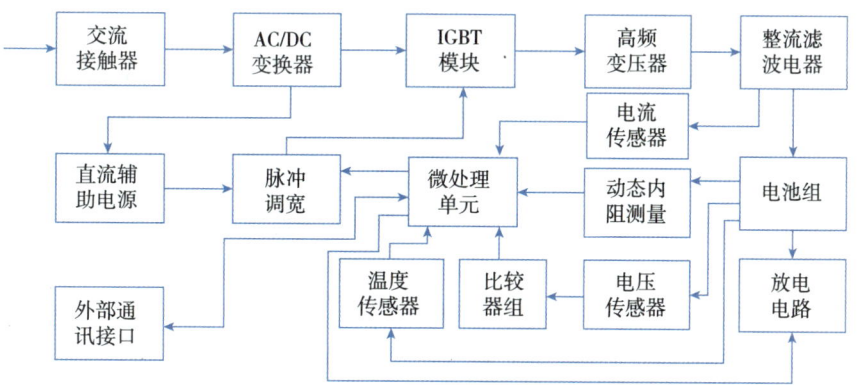

图6.13 变脉冲快速充电系统组成

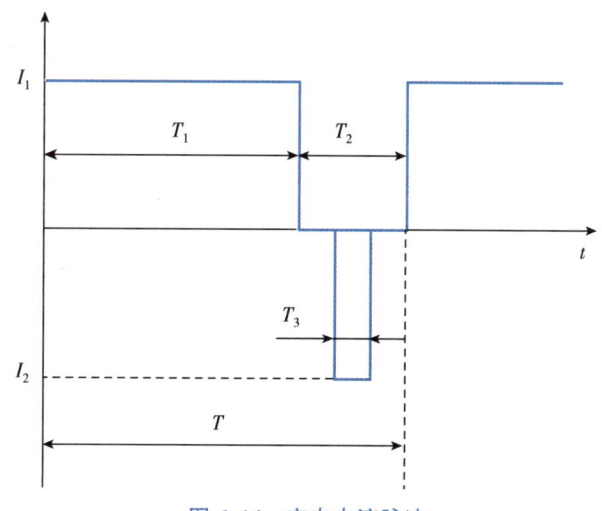

图6.14 充电电流脉冲

该快速充电器根据实时检测到的电池组的端电压、充电电流、温度、动态内阻等信息，按照马斯充电定律，通过采用智能控制算法实施对充电电流脉冲宽度 T1、间歇时间 T2、放电电流脉冲 T3 的分段调节，以消除被充电电池组的电极化现象，使电池组时刻处于较佳的电流接受状态，提高充电速度和充电效率。具体调节过程是，首先用较宽的充电脉冲进行充电，蓄电池的端电压上升，当到达充电时间 T1 时，充电器暂停充电，当充电间歇时间达到 T2 时充电器继续充电，如此反复；当电压上升到设定的电压值 V1 时，根据程序的设定，减小充电脉冲占空比，并给蓄电池充电，当电池端电压达到设定值 V2 时，充电器间歇暂停充电；根据反馈电压自动调节输出脉冲的占空比，经过短时间停止充电，蓄电池的极化电压迅速下降，如此反复循环，直至达到蓄电池组的充电终止电压 V3。该快速充电器实现了按照被充电电池的实际充电状态（如：电流、电压、温度、动态内阻等）对脉冲充电器充电脉冲实施智能化的实时调节，将充电器和被充电电池上升为一个系统问题综合考虑，通过引入智能化调节算法，使该充电器具有更广泛的适用性。

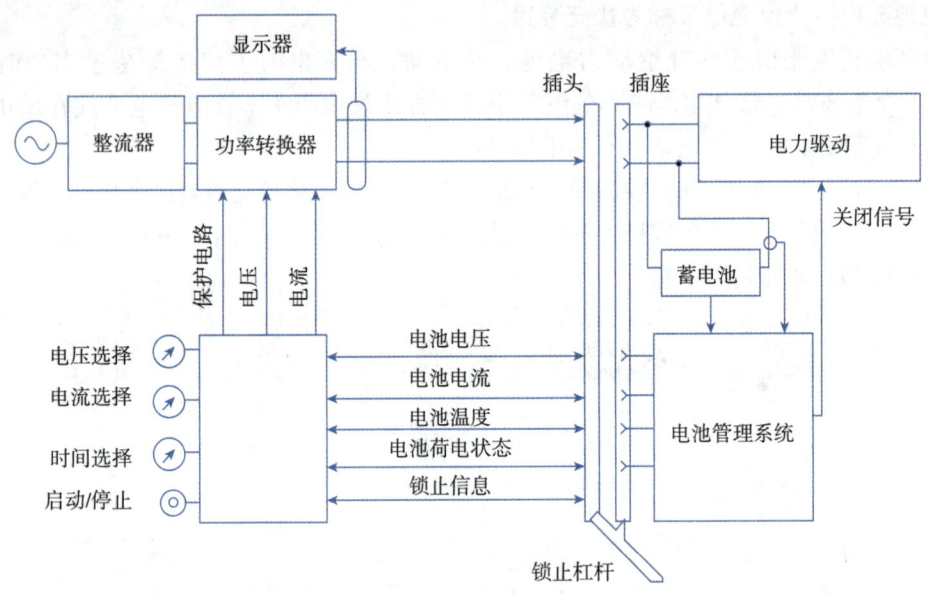

图 6.15 典型直流充电器方案

如图 6.15 所示为一常用的地面充电站中充电器的方案，该充电器由一个能将输入的交流电转换为直流电的整流器和一个能调节直流电功率的功率转换器组成，通过把带电线的插头插入电动汽车上配套的插座中，直流电能就输入蓄电池对其充电。充电器设置了一个锁止杠杆以利于插入和取出插头，同时，杠杆还能提供一个确定已经锁紧的信号以确保安全。根据充电器和车上电池管理系统相互之间的通讯，功率转换器能在线调节直流充电功率，而且充电器能显示充电电压、充电电流、充电量和充电费用等。

典型新能源汽车直流充电座如图 6.16 所示，共有 9 个孔，各孔的名称及定义见表 6.13 所列。

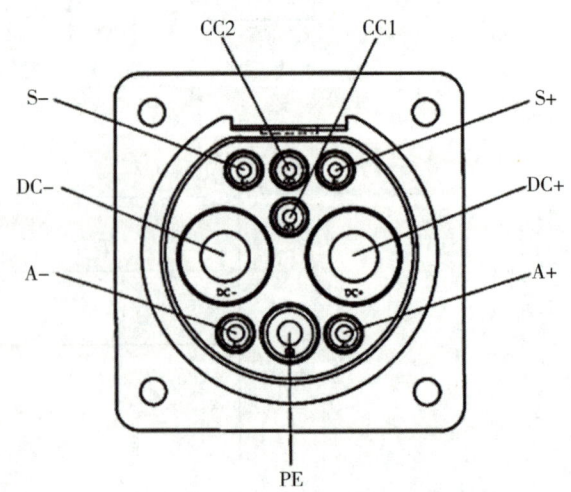

图 6.16 直流充电口示意图

表 6.13 直流充电口端子定义

序号	端子符号	端子定义
1	DC+	直流充电正极（连接到动力电池正极）
2	DC-	直流充电负极（连接到动力电池负极）
3	PE	接地连接，充电口一侧与车辆搭铁相连
4	A+	低压辅助电源正极（插枪后为车辆低压系统提供+12V电源）
5	A-	低压辅助电源负极（插枪后为车辆低压系统提供-12V电源）
6	S+	直流充电桩与车辆通讯连接（CAN-H）
7	S-	直流充电桩与车辆通讯连接（CAN-L）
8	cc1	充电连接确认电路1
9	cc2	充电连接确认电路1

直流充电桩就是通过这9根线给电动汽车进行充电，其具体的充电模型如图6.17所示。

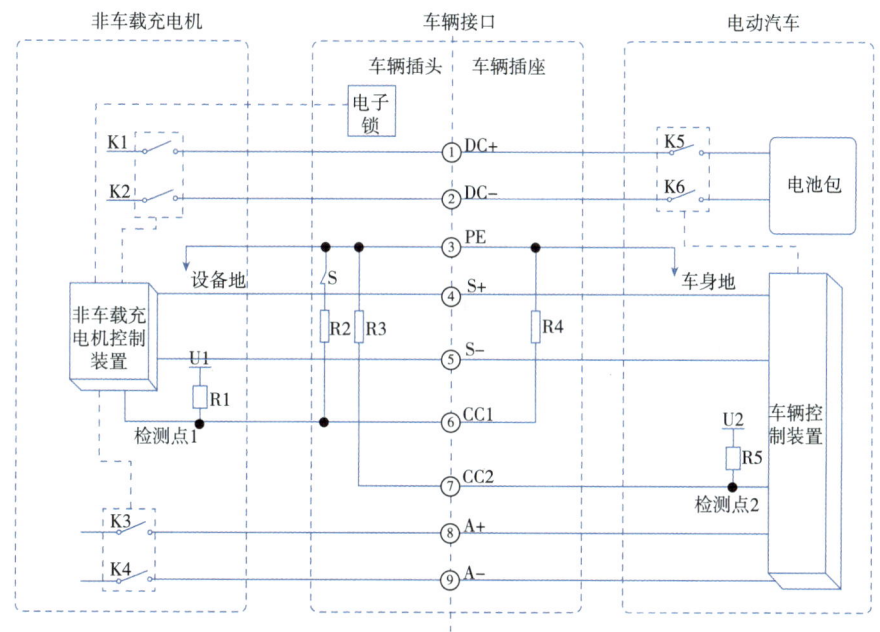

图 6.17 直流充电模型电路（充电桩与被充电车辆）

可以看到，左边是非车载充电机（即直流充电桩），右边是电动汽车，二者通过车辆插座相连。图6.17中的S开关是一个常闭开关，与直流充电枪头上的按键（即机械锁）相关联，当我们按下充电枪头上的按键，S开关即打开。而图中的U1、U2是一个12V上拉电压，R1~R5是阻值约1 000Ω的电阻，R1、R2、R3在充电枪上，R4、R5在车辆插座上。

1. 车辆接口连接确认阶段

当按下枪头按键，插入车辆插座，再放开枪头按键。充电桩的检测1将检测到12V-6V-4V的电平变化。一旦检测到4V、充电桩将判断充电枪插入成功，车辆接口完全连接，并将充电枪中的电子锁进行锁定，防止枪头脱落。

2. 直流充电桩自检阶段

在车辆接口完全连接后，充电桩将闭合K3、K4，使低压辅助供电回路导通，为电动汽车控制装置供电（有的车辆不需要供电）（车辆得到供电后，将根据监测点2的电压判断车辆接口是否连接，若电压值为6V，则车辆装置开始周期发送通信握手报文），接着闭合K1、K2，进行绝缘检测，所谓绝缘检测，即检测 DC 线路的绝缘性能，保证后续充电过程的安全性。绝缘检测结束后，将投入泄放回路泄放能量，并断开 K1、K2，同时开始周期发送通信握手报文。如图 6.18 所示。

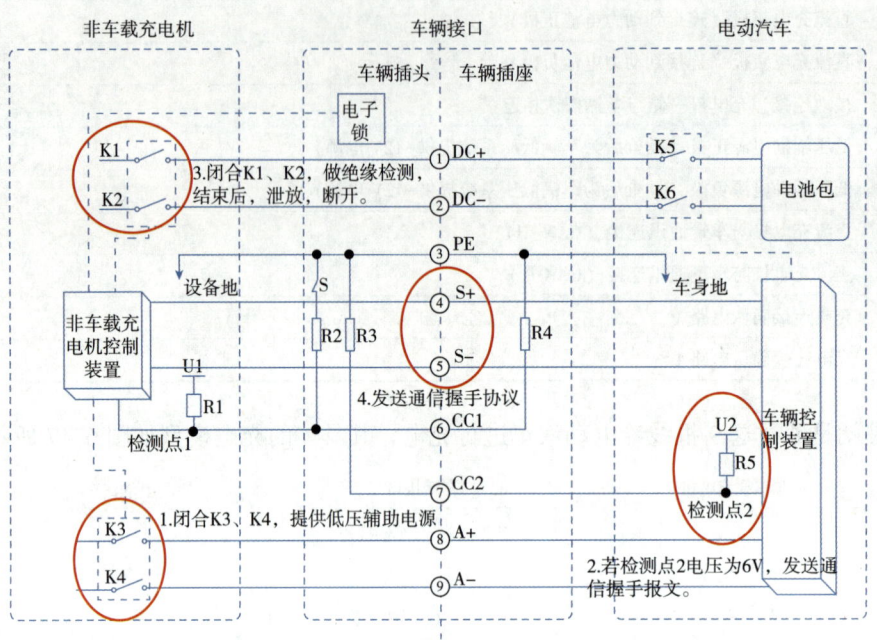

图 6.18　充电桩自检阶段示意图

3. 充电准备就绪阶段

接下来，就是电动汽车与直流充电桩相互配置的阶段，车辆控制 K5、K6 闭合，使充电回路导通，充电桩检测到车辆端电池电压正常（电压与通信报文描述得电池电压误差≤±5%，且在充电桩输出最大、最小电压的范围内）后闭合 K1、K2，那么直流充电线路导通，电动汽车就准备开始充电了，如图 6.19 所示。

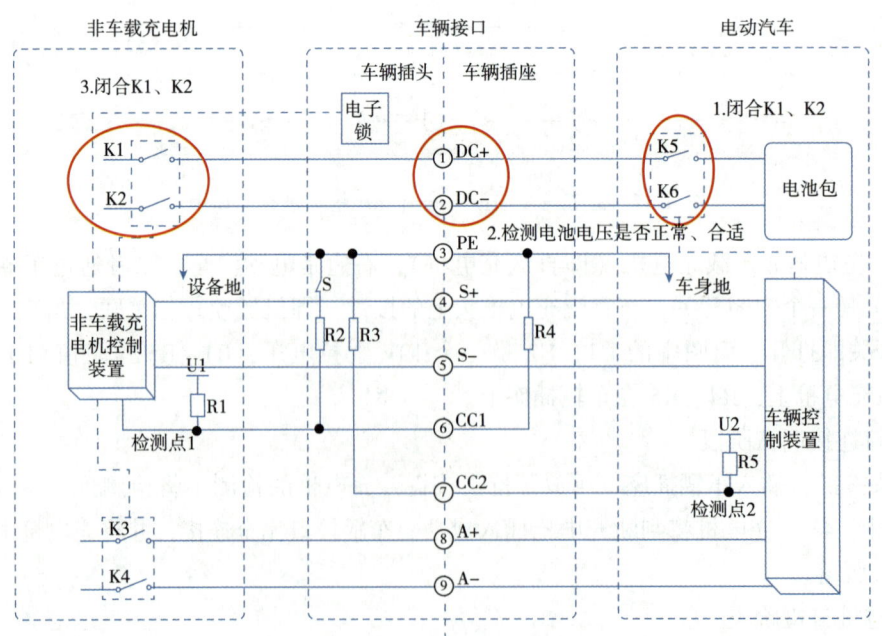

图 6.19　充电桩准备就绪阶段示意图

4. 充电阶段

在充电阶段，车辆向充电桩实时发送电池充电需求的参数，充电桩会根据该参数实时调整充电电压和电流，并相互发送各自的状态信息（充电桩输出电压电流、车辆电池电压电流、SOC 等），如图 6.20 所示。

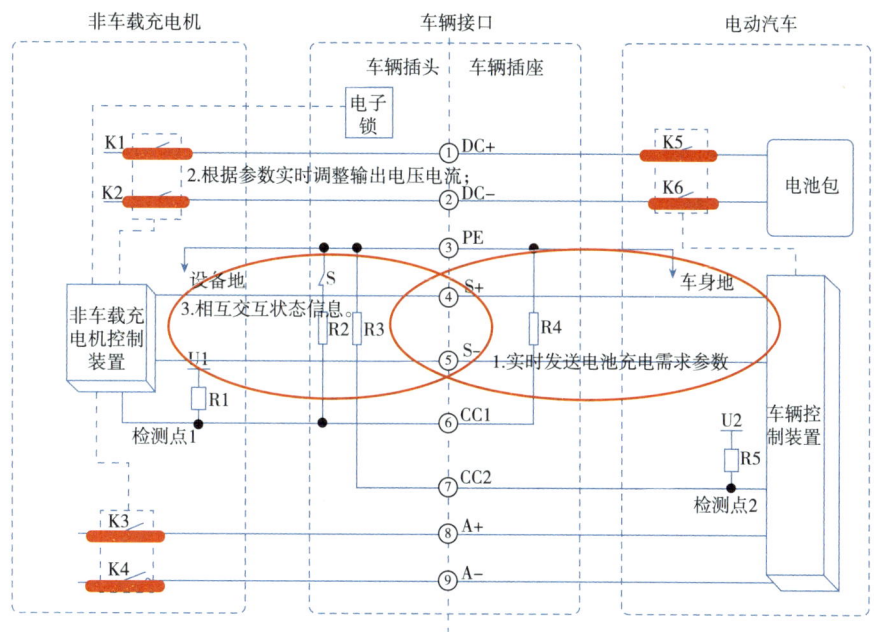

图 6.20　充电桩充电阶段示意图

5. 充电结束阶段

车辆会根据 BMS 是否达到充满状态或是受到充电桩发来的"充电桩中止充电报文"来判断是否结束充电。满足以上充电结束条件，车辆会发送"车辆中止充电报文"，在确认充电电流小于 5A 后断开 K5、K6。充电桩在达到操作人员设定的充电结束条件，或者收到汽车发来的"车辆中止充电报文"，会发送"充电桩中止充电报文"，并控制充电桩停止充电，在确认充电电流小于 5A 后断开 K1、K2，并再次投入泄放电路，然后再断开 K3、K4。控制过程如图 6.21 所示。

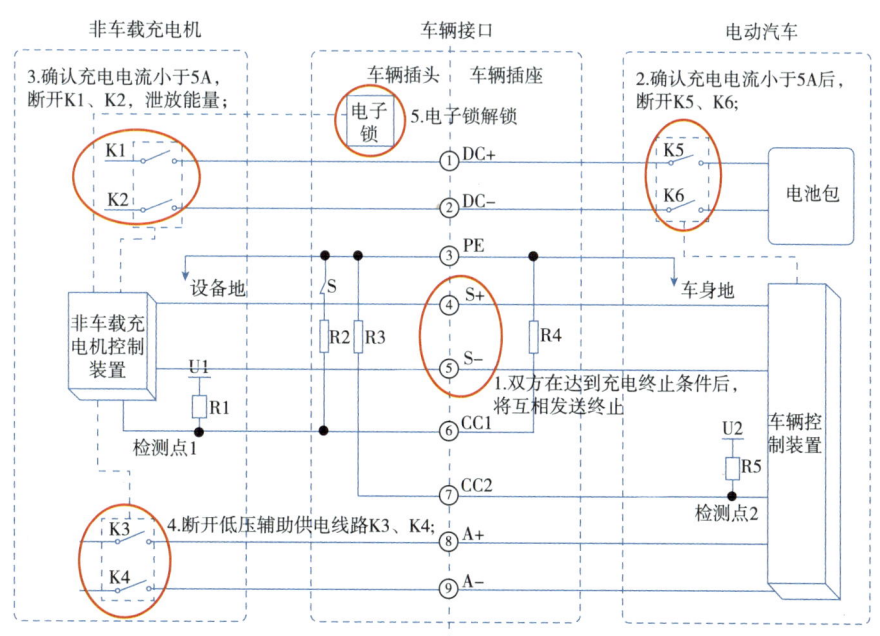

图 6.21　充电桩充电结束阶段示意图

149

项目 6　新能源汽车的维护与修理

4.1.2 交流充电

交流充电是通过交流充电桩或家用交流电源将高压交流电通过车辆上交流充电口将电能加载到车载充电机后经变压、整流后加载到动力电池的正负极,为动力电池充电,交流充电又称为慢充装置。目前纯电动汽车及插电式混合动力汽车普遍使用交流充电系统为车辆进行充电。

无论是通过交流充电桩还是便携式交流充电盒,电动汽车的交流充电系统都离不开交流充电枪和充电口,充电口和充电器一一对应,当充电枪插入充电口后满足一定条件,便可进行交流充电。根据交流电源的相数多少,交流充电又分为单相交流充电和三相交流充电。交流充电典型新能源汽车交流充电口如图 6.22 所示,共有 7 个孔,各孔的名称及定义见表 6.14 所列。

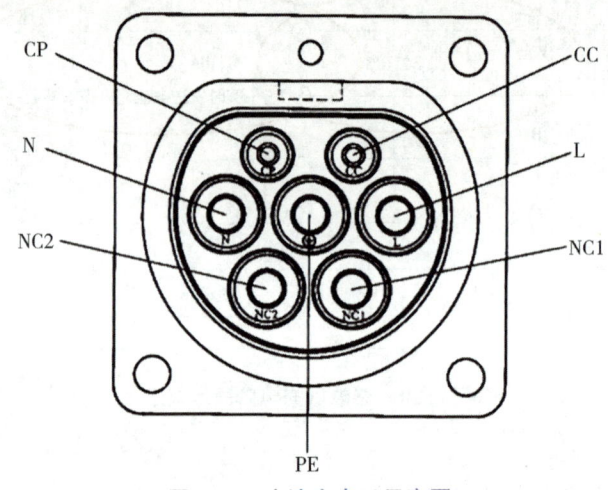

图 6.22 交流充电口示意图

表 6.14 交流充电口端子定义

序号	端子符号	端子定义
1	L1	交流电源(单相或三相)
2	NC1	交流电源(单相)
3	NC2	交流电源(单相)
4	N	电源中性线(三相)/火线(单相)
5	PE	保护接地线,连接供电设备地线和车辆搭铁
6	CC	充电连接确认
7	CP	充电控制确认

交流流充电桩就是通过这 7 根线给电动汽车进行充电,国标 GB/T 20234.2—2011 中的充电模式 3 连接方式 B 的典型控制导引电路图如图 6.23 所示。

控制导引电路主要作用是用来确认充电接口和充电插座是否连接,然后在充电过程中进行周期性检测,以判断继续充电还是停止充电等。

下面是控制导引电路的工作原理:

1. 连接确认

(1)车辆控制装置通过检测 PE 和监测点 3 之间的电阻值来确认车辆插头和车辆插座是否连接。

(2)充电桩侧的供电控制装置通过监测检测点 1 或检测点 4 的电压值来判断供电插头和供电插座是否连接。

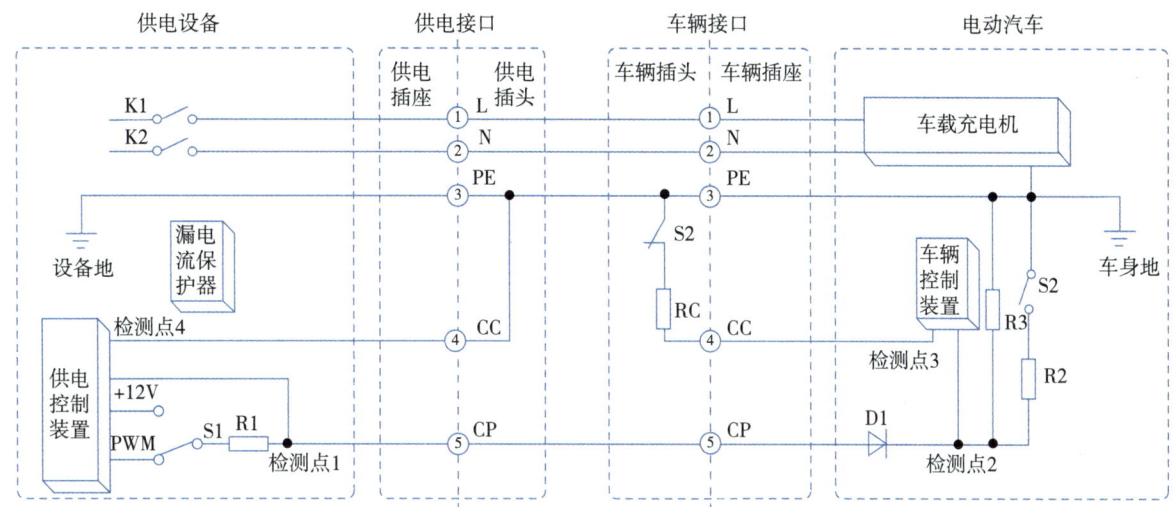

图 6.23 充电模式 3 连接方式 B 的典型控制导引电路图

2. 充电开始

当车辆接口和供电接口都确认连接后，充电桩将开关 S1 从 12V 连接状态切换到 PWM 状态，并等待车辆控制装置闭合开关 S2，此时测检点 1 峰值电压 9V，CP 端产生 1KHz 的 PWM 波，其占空比代表充电桩额定电流大小。当车辆侧开关 S2 闭合，代表车辆已经充电准备就绪了，此时检测点 1 的电压峰值为 6V。确认车辆就绪后，充电桩闭合接触器 K1 和 K2，使交流回路导通，充电开始。整个过程中检测点 1 的电压状态见表 6.15 所列。

表 6.15　充电开始过程检测点 1 的电压状态

充电过程状态	充电连接装置是否连接	S2	车辆是否可以充电	检测点 1 峰值电压/V	说明
状态 1	否	断开	否	12	S1 切换至与 PWM 连接状态，车辆接口未完全连接，检测点 2 的电压为 0
状态 2	是	断开	否	9	R3 被检测到
状态 3	是	闭合	可	6	车载充电机及供电设备处于正常工作状态

3. 充电过程周期检测

在充电过程中，充电桩对检测点进行周期性检测，以确认充电连接装置的连接状态和车辆是否处于可充电状态，检测周期不大于 50ms。

（1）在充电过程中，充电控制装置不断检测检测点 4 和检测点 1，如果检测到供电接口断开，则供电控制装置开关 S1 切换到 12V 并断开交流供电回路。

（2）在充电过程中，车辆控制装置不断检测检测点 2 和检测点 3，如果判断车辆接口断开，则车辆控制装置控制车载充电机停止充电，并断开开关 S2。

4. 充电结束

在充电过程中，当达到车辆设置的结束条件或者驾驶员对车辆实施了停止充电的指令时，车辆控制装置断开开关 S2，并使车载充电机处于停止充电状态。当达到操作人员设置的结束条件，操作人员对供电装置实施了停止充电的指令或见到 S2 断开是，则供电控制装置控制开关切换到 +12V 连接状态，并通过断开接触器 K1 和 K2 切断交流供电回路。

5. 非正常条件下充电结束或停止

（1）在充电过程中，车辆控制装置通过检测 PE 与检测点 3 之间的电阻值来判断车辆插头和车辆插座的连接状态，如果判断开关 S3 由闭合变为断开，并在一定时间内持续保持，则车辆控制装置控制车载充电机停止充电，并断开 S2。

（2）在充电过程中，车辆控制装置通过检测 PE 与检测点 3 之间的电阻值来判断车辆插头和车辆插座的连接状态，如果判断车辆接口由完全连接变为断开，则车辆控制装置控制车载充电机停止充电，并断开 S2。

（3）在充电过程中，车辆控制装置通过对检测点 2 的 PWM 信号进行检测，当信号中断时，则车辆控制装置控制车载充电机停止充电。

（4）在充电过程中，如果检测点 1 的电压值为 12V、9V 或者其他非 6V 的状态，则供电控制装置断开交流供电回路。

（5）在充电过程中，供电装置通过对检测点 4 进行检测，如检测到供电接口由完全连接变为断开，则供电控制装置控制开关 S1 切换到与+12V 连接状态并断开交流供电回路。

（6）在充电过程中，如果漏电保护器动作，则车载充电机处于欠压状态，车辆控制装置断开开关 S2。

4.2 新能源汽车无法交流充电故障案例分析

1. 故障现象

一辆 2017 款比亚迪 e5 纯电动汽车，断开电源开关（OFF 档），打开前充电舱并连接便携式 220V 交流充电枪，组合仪表动力电池充电连接指示灯点亮，显示充电连接中，但无充电连接成功显示，交流充电无法完成，车辆无其他故障。

2. 故障诊断

接车后首先验证故障现象，车辆连接充电枪后仪表充电连接指示灯点亮，但并未听见前舱高压总成内部车载充电机散热风扇运行的声音（正常工作时应伴有车载充电机散热风扇声），仪表屏幕一直显示充电连接中，未显示充电成功信息，这表明车辆并没有进行充电。

车辆可以正常起动完成高压上电，仪表 OK 灯点亮，并未见其他故障灯点亮。根据故障现象可以初步排除动力电池故障（电池处于可充电状态，SOC 为 46%）、高压互锁线路故障、高压系统漏电故障等。然后连接道通 MS908 解码器，扫描控制单元，无故障代码存储；读取车载充电机模块相关数据流，也未见异常，这说明控制单元工作正常。分析认为故障应该出在交流充电系统上。

查询相关技术资料，比亚迪 e5 纯电动汽车的充电系统工作原理如图 6.24 所示。

根据工作原理分析，当高压总成内充电枪触发单元通过与充电枪连接端子 CC 与端子 PE 检测到充电连接装置内的电阻 RC 后（确定充电连接装置额定容量），拉低充电连接信号，BMS 模块控制车辆低压供电线路 IG3 继电器吸合给相关部件提供电源，当 BMS 得电后执行充电程序并拉低仪表充电指示灯信号，仪表充电连接指示灯点亮。因此，测量充电枪端子 CC 与端子 PE 之间的电阻，为 681Ω，正常，因为仪表充电连接指示灯可正常点亮，据此分析端子 CC 与端子 PE 的连接信号正常。

由于比亚迪 e5 纯电动汽车带有预约充电功能，预约充电服务器集成在仪表控制单元内，在充电连接过程中，车载充电机需要通过 CAN 总线接收到仪表控制单元发来的确认充电报文信息，在确认当前无预约充电设置后，才能执行实时充电动作，充电成功后组合仪表才会显示正在充电中的信息。分析认为，如果预约充电功能误触发也有可能对充电造成影响。对仪表控制单元进行恢复默认设置操作，并查看预约充电功能状态，为关闭状态，然后对车辆进行重新充电，故障现象依旧。

根据充电系统工作原理分析，认为故障很可能为交流充电控制导引电路存在连接线路故障、供电控制装置故障或车辆充电控制装置故障。查阅《电动汽车传导充电系统》(GB/T 18487.1—2015),该标准中给出的交流充电控制导引电路原理如图 6.22 所示,其工作原理为:当充电接口已完全连接,则开关从 +12 V 连接状态切换至 PWM 信号(脉冲宽度调制信号),供电控制装置通过测量检测点 1 的电压值变化来判断充电连接装置是否完全连接,车辆控制装置通过测量检测点 2 位置的 PWM 信号来判断供电设备的供电能力,确认充电连接装置已完全连接。

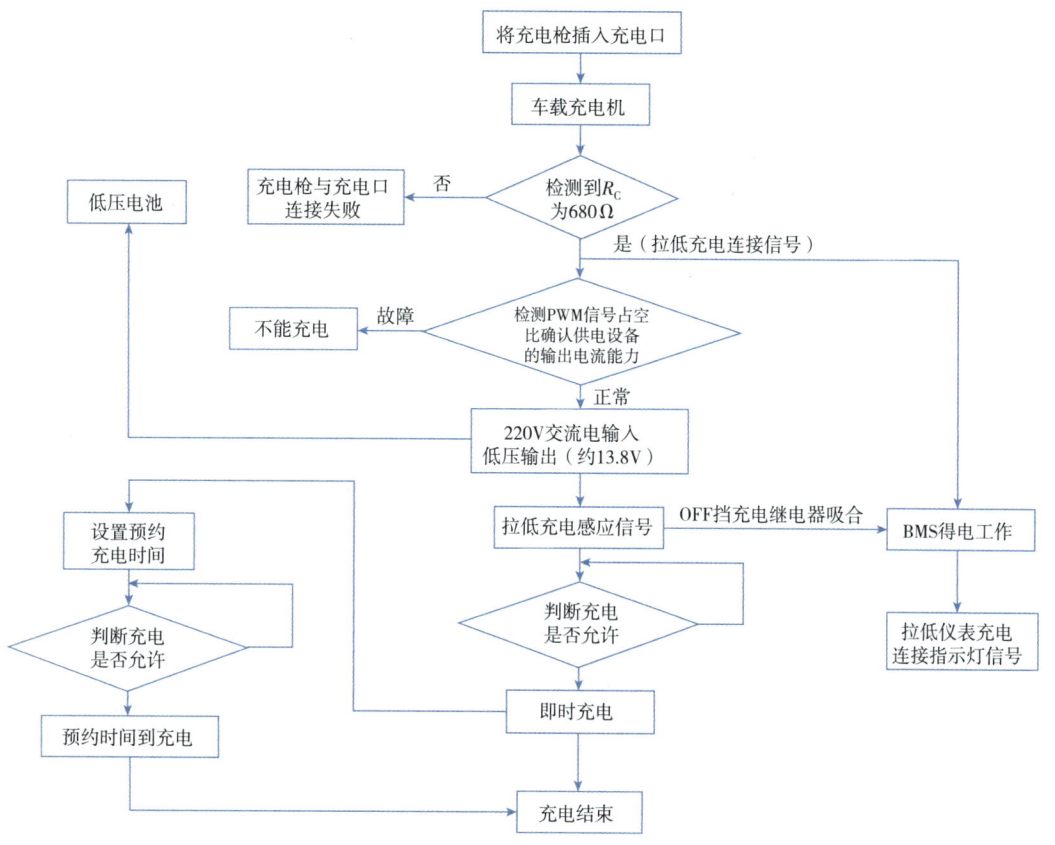

图 6.24 比亚迪 e5 交流充电逻辑图

用万用表测量充电枪端子 PE 与端子 CP 之间的电压为 12V,端子 L 与端子 N 之间的电压为 0V,初步判断供电设备正常;查阅维修手册,找到交流充电电路,如图 6.25 所示。用万用表测量交流充电口线束端导线连接器 B53(B)端子 1 与高压电控总成导线连接器 B28(A)端子 47 之间的导通情况,发现 CP 连接线束断路;在前舱位置找到导线连接器 BJB01(A),发现端子 12 退缩,从而导致 CP 信号在充电连接过程中断掉,出现无法充电的故障。

3. 故障排除

处理导线连接器 BJB01(A)端子 12,测量导线连接器 B53(B)端子 1 与 B28(A)端子 47 之间的电阻为 0.2Ω,正常。再次对车辆进行充电,仪表显示正在充电的信息,有充电功率和预计充电时间显示,充电正常,故障排除。

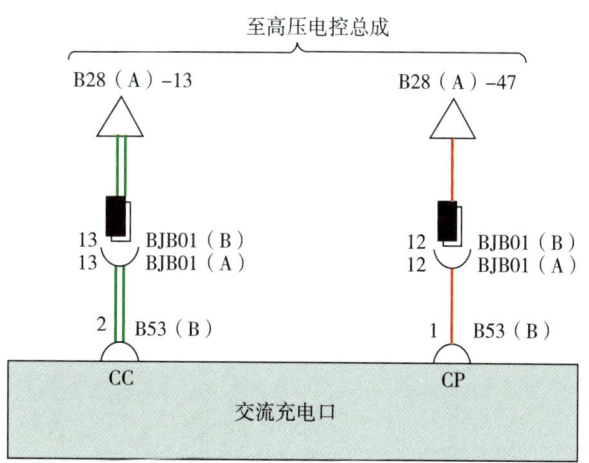

图 6.25 比亚迪 e5 交流充电电路(部分)

参考文献

[1] 周梅芳, 罗英. 新能源汽车概论 [M]. 北京: 机械工业出版社, 2018.
[2] 崔胜民. 新能源汽车概论 [M]. 2版. 北京: 北京大学出版社, 2015.
[3] 王新旗. 新能源汽车概论 [M]. 北京: 人民交通出版社, 2018.
[4] 高建平. 新能源汽车概论 [M]. 北京: 机械工业出版社, 2018.
[5] 全国安全生产教育培训教材编审委员会, 低压电工 [M]. 中国矿业大学出版社, 2018.
[6] 中华人民共和国国家标准. GB/T18384.2-2015《电动汽车安全要求第2部分: 操作安全和故障防护》[S]. 北京: 中国标准出版社, 2015.